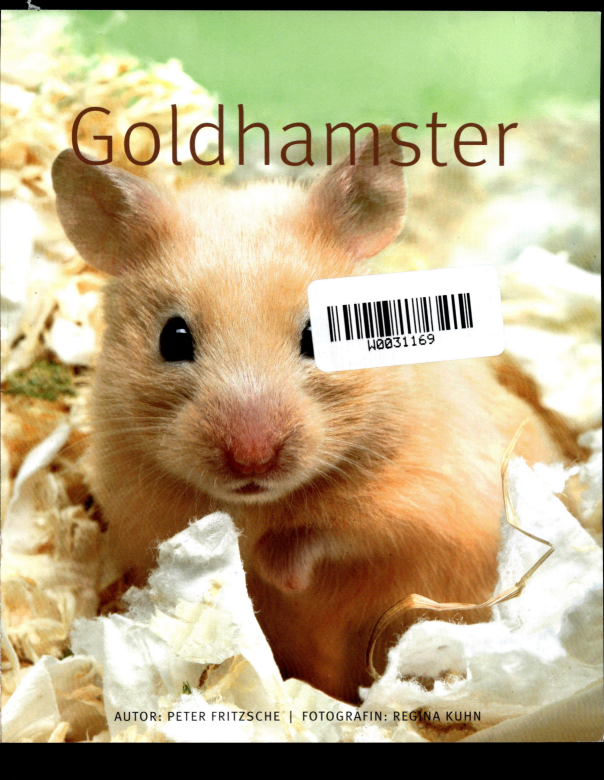

Goldhamster

AUTOR: PETER FRITZSCHE | FOTOGRAFIN: REGINA KUHN

Inhalt

4 Typisch Goldhamster

- 5 Ein Goldhamster soll es sein
- 6 Der Siegeszug der Goldhamster
- 8 Goldhamster in freier Natur
- 9 **Experten-Tipp:** Goldhamster – nachtaktive Gesellen
- 10 Der Goldhamster als Heimtier
- 11 Checkliste: Ist ein Goldhamster das richtige Heimtier für mich?
- 12 So sind Goldhamster gebaut
- 14 Goldhamster im Porträt

16 Willkommen zu Hause

- 17 Der richtige Standort für den Käfig
- 18 Das Goldhamsterheim
- 19 Tipp: Für Geschickte – Käfig selber bauen
- 20 Ausstattung und Inneneinrichtung
- 22 Augen auf beim Hamsterkauf
- 23 Checkliste: Gesundheit auf einen Blick
- 24 Eingewöhnen leicht gemacht
- 26 Gute Umgangsformen
- 27 **Experten-Tipp:** Goldhamster und andere Haustiere
- 28 Nachwuchs beim Goldhamster
- 30 Junger Hamster – alter Hamster
- 31 Tipp: Abschied vom Goldhamster

32 Goldrichtige Pflege

- 33 Was frisst der Goldhamster in der Natur?
- 34 Gesundheit aus dem Futternapf
- 34 Tipp: Hamsterfutter Marke Eigenbau
- 35 Wertvolles Frischfutter
- 36 Wichtige Eiweißnahrung

36 Verwöhnen mit Snacks?
37 **Tut gut – Besser nicht**
38 Goldhamsterpflege ganz einfach
38 »Katzenwäsche« beim Goldhamster
38 Tipp: Hamster regelmäßig wiegen
40 Wellness für Goldhamster
41 **Experten-Tipp:** Der wasserscheue Goldhamster
42 Käfigpflege nach Hamsterart
44 Wenn der Goldhamster krank wird
45 Checkliste: Symptome schwerer Erkrankungen
47 Info: Vorsicht Ansteckungsgefahr
48 Auffälliges Verhalten beim Goldhamster

50 Immer in Bewegung

51 Der fitte Goldhamster
51 Erkenntnisse aus der Forschung
51 Der Hamster im Käfig
52 Hamster, bleib mobil!
53 **Experten-Tipp:** Kreatives Hamsterzubehör
54 Viel Spaß für wilde Kerle
54 Info: Ungeeignetes »Spielzeug«
56 **Auf einen Blick:** Abenteuerspielplatz
58 Freilauf in der Wohnung
59 Tipp: Hilfe – mein Goldhamster ist weg!

Extras

60 Register, Service, Impressum
64 GU-Leserservice
Umschlagklappen:
　　Verhaltensdolmetscher
　　SOS – was tun?
　　Die 10 GU-Erfolgstipps

Typisch Goldhamster

Mit ihren Knopfaugen, ihrer Stupsnase und ihrem weichen Fell sehen Goldhamster sooo niedlich aus. Sie sind aber keine Kuscheltiere und eignen sich auch nicht unbedingt als ideale Spielgefährten für kleine Kinder. Doch sie sind interessante und muntere Gesellen, die rasch den Weg in Ihr Herz finden werden.

Ein Goldhamster soll es sein

Ihrem drolligen Aussehen und ihrem possierlichen Wesen haben es die Goldhamster zu verdanken, dass sie zu den bekanntesten und beliebtesten Heimtieren gehören. Die Zahl der in Käfigen gehaltenen Goldhamster wird mittlerweile weltweit auf 10 Millionen geschätzt. In seiner syrischen Heimat schütteln Menschen allerdings ungläubig und lachend den Kopf, wenn man ihnen erzählt, dass Goldhamster in Europa in Kinderzimmern als Haustiere gehalten werden. Es ist es noch gar nicht so lange her, dass der kleine Nager seinen Siegeszug bei uns antrat. Und alles hat ganz klein angefangen.

Ein Goldhamster für mein Kind?

Wenn Sie dieses Buch zu Rate ziehen, spielen Sie vielleicht mit dem Gedanken, einen Goldhamster als Haustier für Ihr Kind anzuschaffen. Bevor Sie gleich losziehen in die nächste Zoohandlung, sollten Sie gut überlegen, ob ein Hamster wirklich das richtige Tier für Ihre Familie und vor allem für Ihr Kind ist. Goldhamster sind meiner Erfahrung nach für kleine Kinder unter zwölf Jahren ungeeignet. Trotz ihres putzigen Aussehens mögen sie es nämlich gar nicht, angefasst zu werden. Das ist für jüngere Kinder schwer zu akzeptieren. Dazu kommt, dass Goldhamster dämmerungs- bzw. nachtaktiv sind und tagsüber schlafen wollen.

Der Goldhamster ist ein ideales Tier zum Beobachten. Natürlich können Sie sich ihm auch behutsam nähern, und nach und nach wird er seine anfängliche Scheu überwinden. Das erfordert jedoch Geduld, die jüngere Kinder in der Regel noch nicht aufbringen können. Wissen Sie aber um diese Besonderheiten, ist der Goldhamster ein interessanter Pflegling, der viel Freude in die Familie bringt und auch Ihren Alltag bereichern wird.

TYPISCH GOLDHAMSTER

Der Siegeszug der Goldhamster

Alles begann im Jahre 1930. An der Hebräischen Universität zu Jerusalem in Israel forschte man an der Heilung einer tropischen Krankheit, der sogenannten Orientbeule. Für die Forschungsarbeiten brauchte man Chinesische Zwerghamster, deren Zucht aber nicht besonders klappte. Der Zoologe Israel Aharoni wusste, dass im benachbarten Syrien auch Zwerghamster (wenn auch eine andere Art) vorkommen. Also wurde im April eine Expedition ausgestattet, um Zwerghamster zu finden und mit ihnen eine Zucht in Jerusalem beginnen zu können. In der Gegend um die syrische Stadt Aleppo bot ein Scheich seine Unterstützung an und rief Arbeiter zu Hilfe, die in den umliegenden Weizenfeldern zu graben begannen. Nachdem zunächst erfolglos viel Erde bewegt worden war, wurde man plötzlich fündig! Ein Nest mit einer Hamstermutter und elf kleinen Jungtieren wurde ans Tageslicht befördert. Das Muttertier sah einem Zwerghamster aber gar nicht ähnlich. Der herbeigerufene Zoologe bestimmte ihn als einen Goldhamster, den er bisher nur von Beschreibungen und Bildern kannte. Diese Tierart war bereits 1797 von dem Arzt Patrick Russel in einem Buch erwähnt worden. Danach mussten allerdings über 40 Jahre vergehen, ehe George Robert Waterhouse, ein englischer Zoologe, in London 1839 den Goldhamster für die Wissenschaft beschrieb.

Goldhamster: die Namensfindung

Der Artname jedes Tieres und jeder Pflanze besteht immer aus dem groß geschriebenen Gattungs- und dem klein geschriebenen Artnamen. Waterhouse gab dem Hamster den wissenschaftlichen Namen *Mesocricetus auratus*, was soviel wie »Goldener Mittelhamster« heißt. Wissenschaftlich ganz exakt wird sogar immer der Name des Erstbeschreibers der Art und die Jahreszahl der Entdeckung mitgenannt. Also heißt der Goldhamster mit vollem Namen *Mesocricetus auratus* WATERHOUSE 1839.

Ganz vorsichtig verlässt dieser wild lebende Goldhamster am Morgen seinen Bau zur Futtersuche.

Der Siegeszug der Goldhamster

Erste Zuchterfolge

Kein Wissenschaftler hatte bis zu ihrer Wiederentdeckung durch die israelischen Forscher lebende Goldhamster gesehen. Umso vorsichtiger wurde die Mutter mit ihren Jungen von Professor Aharoni in eine Kiste gesetzt. Sie war jedoch so gestresst, dass sie gleich eines der Jungen tötete. Deshalb wurde die Mutter von den Jungen getrennt. Frau Aharoni gelang es, die Jungen zu füttern und am Leben zu erhalten. Leider entwischten später noch einige Jungtiere und ertranken in einem Swimmingpool in Jerusalem. So blieben drei Männchen und ein Weibchen übrig. Immer wieder wurden die Männchen mit dem Weibchen verpaart. Und die Zucht gelang! Die ersten sieben Jungtiere in Gefangenschaft wurden geboren. Sie wuchsen schnell heran und wurden ebenfalls wieder verpaart. Im ersten Jahr gab es bereits 150 Tiere! Alle Goldhamster, die heute als Heimtiere gehalten werden, stammen aus dieser Geschwisterpaarung. Schon 1931 wurden aus Jerusalem Goldhamster nach Frankreich und England gebracht. 1938 eroberten Goldhamster die USA, und nach weiteren zehn Jahren, also erst 1948, trafen schließlich die ersten Tiere in Deutschland ein. Hier wurde gleich vor der Einbürgerung einer neuen Tierart in der Natur gewarnt. Bald stand aber fest, dass die Tiere den feuchten und kalten Winter Deutschlands in Freiheit nicht überleben können.

Feldforschung aus Halle

Bis vor Kurzem wurden auch weltweit in Labors nur Goldhamster gehalten, die von der Jerusalemer Urfamilie abstammen. Es gab zwar später zwei Expeditionen nach Syrien, die ebenfalls Tiere mitbrachten, mit denen aber dann nicht gezüchtet wurde. Niemand wusste Genaues über wild lebende Goldhamster. Deshalb reiste 1999 Professor Rolf Gattermann mit Mitarbeitern und Studenten von der Universität Halle nach Syrien, um die Tiere wieder zu finden. An dieser Exkursion war auch ich beteiligt. Mit Hilfe von syrischen Bauern suchten wir dort nach Goldhamstern. Doch das Graben in mehreren Weizenfeldern blieb ohne Erfolg. Erst in einem Linsenfeld fanden wir in 60 cm Tiefe endlich einen Hamster. Und es war ein Goldhamster, wie wir ihn bisher nur aus Käfigen kannten! Unsere Freude war riesengroß. Wir gruben weiter in Linsenfeldern und konnten insgesamt 19 wilde Goldhamster fangen und mit nach Halle nehmen. Dort vermehren sich die Tiere ähnlich gut wie ihre Vettern aus dem Labor. Uns Wissenschaftler interessiert es nun ganz besonders, Laborgoldhamster mit den wild lebenden Tieren zu vergleichen und die Unterschiede und Gemeinsamkeiten zu erforschen.

Mit den Backentaschen voller Linsenpflanzen beeilt sich die Goldhamstermutter, auf dem schnellsten Weg zurück zu den Jungen in den Bau zu kommen.

TYPISCH GOLDHAMSTER

Goldhamster in freier Natur

Wild lebende Goldhamster kann man nur im Norden Syriens und in der südlichen Türkei finden. Früher lebten sie ausschließlich in Steppengebieten, heute haben sie die Felder der Menschen erobert. Dort finden die kleinen Nager bequem Nahrung. Das missfällt den einheimischen Bauern, so werden die Tiere leider verfolgt und sogar mit chemischen Mitteln bekämpft. Am liebsten wohnen Goldhamster in Linsenfeldern, aber auch in Weizen- oder Zuckererbsenfeldern kann man sie finden.

Single aus Leidenschaft

Die wichtigste Erkenntnis aus der Beobachtung der in freier Natur lebenden Goldhamster ist: Sie sind überzeugte Singles. Jeder, ob Männchen oder Weibchen, lebt in seinem selbst gegrabenen Bau allein. Auch an gegenseitigen Besuchen haben sie, ausgenommen zur kurzen Paarung von Männchen und Weibchen, kein Interesse. Begegnen sich zwei Tiere, gehen sie sich aus dem Weg, oder es gibt Streit. Die Weibchen leben mit ihren Jungen zusam-

Etwa drei Wochen alte Junge verlassen zum ersten Mal ihren Bau in einem Weizenfeld. Der Plastikring auf der Bauöffnung ermöglicht es dem Forscher, die Aktivitäten der Tiere ohne Störung zu registrieren.

men im Bau, bis der Nachwuchs etwa vier Wochen alt ist. Dann überlässt die Mutter ihren Kindern den Bau und gräbt sich selbst einen neuen.

Der Hamster in seinem Bau

Die Baue sind bis zu 1 m tief und haben einen senkrechten Ausgang, die sogenannte Fallröhre. Im Bau gibt es mehrere »Räume«: eine Nistkammer, einen Vorratsraum und eine Toilette. Die Nistkammer ist mit trockenem Pflanzenmaterial ausgepolstert. Im Frühjahr verlassen Goldhamster ihren Bau zur Nahrungssuche zwei bis drei Stunden, bevor die Sonne untergeht. Weibchen suchen in der Nacht ihren Bau wieder auf, während die Männchen fast die ganze Nacht unterwegs auf der Suche nach einer Partnerin sind. Die Männchen kontrollieren mehrere Weibchenbaue und laufen oft weite Strecken. Wenn am Morgen die Sonne aufgeht, kommen die Weibchen für etwa eine Stunde aus dem Bau. Dann verschlafen sie in ihrer Nestkammer den Tag bis zum späten Nachmittag.

Warum hamstern Hamster?

Ab Juni wird es sehr trocken, und die Sonne brennt unbarmherzig heiß in Syrien. Nun verlassen die kleinen Nager ihre Baue kaum noch. Offenbar leben sie von der im Frühjahr eingetragenen Nahrung. Bisher weiß aber niemand ganz genau, wie sie diese Zeit überdauern. Im Winter, wenn es draußen unter 8 °C abkühlt, wird Winterschlaf gehalten. Dann senken Goldhamster ihre Körpertemperatur, die normalerweise 37 °C beträgt, bis auf wenige Grad über Null ab und sparen so Energie. Diese starken Schwankungen des Klimas sind der Grund dafür, dass Hamster hamstern müssen, um Jahreszeiten ohne Futterangebot zu überdauern. Alle vier bis fünf Tage wachen sie zum Fressen auf.

Goldhamster – nachtaktive Gesellen

TIPPS VOM HAMSTER-EXPERTEN
Peter Fritzsche

AKTIVITÄTSPHASEN BEACHTEN Goldhamster werden erst in den späten Nachmittagsstunden bzw. am Abend aktiv. Wenn sie tagsüber beim Schlafen gestört werden, bedeutet das echten Stress für die Tiere. Deshalb sollten Sie das Käfigputzen, den Freilauf und jede Art der Beschäftigung mit dem Tier unbedingt auf den späten Nachmittag ab etwa 17 Uhr legen.

DIE NACHT ZUM TAG MACHEN? Für den Biorhythmus der Tiere ist der Wechsel von Licht und Dunkel verantwortlich. Man kann den Rhythmus des Goldhamsters auch umkehren, Fachleute sprechen von Invertieren. Dazu wird der Raum, in dem der Käfig steht, ausschließlich künstlich beleuchtet: Am Tag herrscht dann Dunkelheit (außer einer Rotlichtlampe), und in der Nacht brennt das Licht. Innerhalb von etwa zehn Tagen gewöhnen sich die Tiere an diesen neuen Rhythmus. Die Nachttierhäuser in manchen Zoos machen sich diesen Umstand zunutze. Nur so kann man den Rhythmus des Goldhamsters umkehren. Für die Haltung zu Hause ist diese Umgewöhnung aber nicht praktikabel und empfehlenswert.

TYPISCH GOLDHAMSTER

Der Goldhamster als Heimtier

Goldhamster zeigen auch nach Jahrzehnten der Zucht Eigenarten und Verhaltensweisen, die sie mit ihren wild lebenden Verwandten teilen.

Goldhamster sind besonders
Bei Haltung und Pflege sollten Sie Rücksicht auf einige Besonderheiten des Goldhamsters nehmen.
Hamster unter sich Der Goldhamster ist ein typischer Einzelgänger, ob er nun in Freiheit oder im Käfig lebt. Nur zur Paarung kommen Männchen und Weibchen für kurze Zeit zusammen. Unmittelbar nach der Paarung wird das Männchen gleich wieder vom Weibchen verjagt. Deshalb müssen Goldhamster auch im Käfig immer einzeln gehalten werden.
Berührungsscheue Wesen Goldhamster mögen es nicht besonders, in die Hand genommen zu werden. In unserem Institut haben wir den Herzschlag von Goldhamstern gemessen, denen Artgenossen in den Käfig gesetzt oder die in die Hand genommen wurden. In beiden Fällen stieg die Anzahl der Herzschläge pro Minute sehr stark an. Es dauerte bis zu eine halbe Stunde, ehe die Tiere sich wieder beruhigt hatten. Deshalb braucht es sehr viel Geduld und Einfühlungsvermögen, um den Hamster langsam an den Menschen zu gewöhnen.
Verhalten Aufgrund seiner solitären Lebensweise zeigt der Goldhamster kein so vielfältiges Verhalten wie in Gruppen lebende Tiere. Die wichtigsten Verhaltensweisen erkläre ich Ihnen im Verhaltensdolmetscher (→ vordere Klappe).
Nahrungssuche Wenn Goldhamster den Bau verlassen, orientieren sie sich vorsichtig in alle Richtungen, ob Gefahr droht. Besonders wenn sie über freies Gelände müssen, schleichen sie sich mit an den Boden gepressten Körper vorwärts. Haben sie schützende Pflanzen erreicht, rennen sie schnell los. Außerhalb des Baues haben Goldhamster nicht die Muße zu fressen. Essbares wird in die Backentaschen gestopft und in den Bau getragen.

Über 40 Zuchtformen gibt es bereits vom Goldhamster. Hier ein Russenhamster mit berußten Ohren.

Hinweis In der freien Natur laufen Goldhamster nur am Boden, sie klettern nicht. Dennoch haben Hamster ein angeborenes Klippenmeideverhalten. Sie laufen nicht einfach weiter, wenn sie an einen Abgrund kommen, und fallen also beispielsweise nicht ohne weiteres von einer Tischkante. Testen Sie das aber bitte nicht mit Ihrem Goldhamster zu Hause – es könnte schiefgehen!

Lebenswege des Goldhamsters

Goldhamster werden in der freien Natur im April oder Mai geboren, überwintern und paaren sich im nächsten Jahr. Älter als ein bis zwei Jahre werden sie in Freiheit leider nicht. Dazu lauern zu viele Gefahren und ein kräftezehrendes Klima. Als Haustiere gehaltene Goldhamster können bei guter Pflege drei Jahre und vielleicht noch etwas älter werden. An einen Goldhamster können Sie sich also nicht wirklich lange binden. Wenn Sie Ihr Tier so richtig lieb gewonnen haben, ist es leider schon alt.

Wie entstanden die Zuchtformen des Goldhamsters?

Mittlerweile gibt es über 40 Zuchtformen oder Rassen des Goldhamsters (→ Seite 14/15). In der freien Natur findet man in der Regel nur die Wildform, die sich in der Entwicklungsgeschichte des Goldhamsters am besten bewährt hat. Die verschiedenen Formen, wie wir sie heute kennen, entstanden durch gezielte Zucht. Ganz selten nämlich weisen einzelne Tiere spontan etwas Besonderes auf, z. B. eine andere Farbe oder ein längeres Fell. Der Züchter sucht solche Sonderformen, die sich in der Natur wieder verlieren, aus und vermehrt diese Hamster. So werden außergewöhnliche Farbschläge oder Felllängen herausgezüchtet.

Ist ein Goldhamster **das richtige Heimtier** für mich?

› Ich bin mindestens 12 Jahre alt und bereit, mich täglich um meinen Hamster zu kümmern.

› Meine Eltern werden mich bei der Pflege des Goldhamsters unterstützen.

› Ich weiß, dass der Goldhamster kein Tier zum Spielen oder zum Kuscheln ist.

› Ich werde akzeptieren, dass es mein Goldhamster nicht mag, wenn ich ihn in die Hand nehme.

› Es macht mir Spaß, das natürliche Verhalten von Tieren zu beobachten.

› Wir haben genügend Platz in unserer Wohnung für einen großen Goldhamsterkäfig.

› Den Käfig für meinen Goldhamster werde ich abwechslungsreich gestalten.

› Ich kann dem Hamster öfters Freilauf in unserer Wohnung bieten.

› Ich weiß, dass Goldhamster nur eine kurze Lebensdauer von etwa zwei Jahren haben.

› Mein Goldhamster wird alleine in seinem Käfig wohnen, ich setze keinen zweiten dazu.

› Ich füttere ihn abwechslungsreich mit Körnern, Obst, Gemüse und Eiweißfutter.

› Alle vier Wochen reinige ich den Hamsterkäfig und alle Gegenstände darin gründlich.

› Ich kenne einen Tierarzt für Kleintiere und werde zu ihm gehen, wenn mein Hamster krank wird.

› Ich kenne jemanden, der meinen Hamster versorgt, wenn ich mal wegfahre.

TYPISCH GOLDHAMSTER

So sind Goldhamster gebaut

Ausgewachsene Goldhamster erreichen eine Körperlänge von etwa 18 cm und werden dabei bis zu 180 Gramm schwer. Oft erreichen die Weibchen ein größeres Gewicht als die Männchen, was bei Säugetieren eher ungewöhnlich ist.

Anatomie des Goldhamsters

Äußere Kennzeichen Charakteristisch für fast alle Hamster ist das kurze Schwänzchen. Beim Goldhamster wird es höchstens 1 cm lang.
Eine weitere Besonderheit sind die Backentaschen der Hamster. Es sind Ausstülpungen der Mundschleimhaut, die fast bis zu den Hinterbeinen reichen. Prall gefüllt, kann der Goldhamster darin bis zu 20 Gramm Getreidekörner transportieren. Zum Ausstreichen der Backentaschen im Bau werden dann die Vorderbeine zu Hilfe genommen. Goldhamster haben an allen Beinen fünf Zehen. Eine Zehe an den Vorderbeinen ist aber zurückgebildet, sodass es so aussieht, als wären es nur vier. Auffallend sind die großen Schneidezähne des Goldhamsters. Diese Nagezähne sind im Unterkiefer bedeutend länger als im Oberkiefer. Sie wachsen ständig nach und müssen deshalb genügend Möglichkeiten haben, sich abzunutzen.
Knochenbau Das Skelett des Goldhamsters ist ziemlich zart und zerbrechlich, achten Sie deshalb darauf, dass die Tiere nicht aus großer Höhe herunterfallen. Obwohl sie ein Klippenmeideverhalten haben, springen sie in ausweglosen Situationen manchmal doch herunter. Das kann schlimme Folgen haben, da sie den Fall nicht abfedern können und sich deshalb Knochenbrüche zuziehen.
Innenleben Der Bau der inneren Organe des Goldhamsters weist keine Besonderheiten auf, sondern ähnelt dem allgemeinen Bau der Säugetiere. Bei Goldhamstern ist der Magen geteilt, in einen Vormagen zum Einweichen und den Drüsenmagen zum Verdauen. Die Weibchen haben eine für Nagetiere typische zweigeteilte Gebärmutter. In beiden Teilen können Junge heranwachsen.

Der Goldhamster hat zwar niedliche Knopfaugen, doch gut sehen kann er damit nicht: Er ist kurzsichtig und farbenblind.

 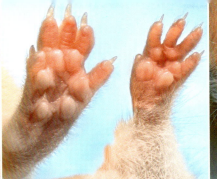 

1 ZÄHNE Goldhamster sind unverkennbar Nagetiere. Geben Sie Ihrem Pflegling Gelegenheit, seine Zähne auch entsprechend zu benutzen und abzuschleifen.

2 PFOTEN Die kleinen Ballen an den Hinter- und Vorderpfoten des Goldhamsters federn sein Gewicht beim Laufen ab. Bei seinen Vorderpfoten ist ein Finger zurückgebildet.

3 BACKENTASCHEN So hat der Hamster immer seinen Einkaufsbeutel dabei. Mehr als ein Zehntel seines Körpergewichts passt hinein.

Sinnesleistungen des Goldhamsters

Riechen Die Nase ist das empfindlichste Sinnesorgan des Hamsters. Er kann damit viel feiner Gerüche unterscheiden als wir Menschen. Goldhamster entnehmen dem Geruch Informationen über die Anwesenheit anderer Hamster, sie erkennen das Geschlecht und die Paarungsbereitschaft ihrer Artgenossen. Neben den Riechzellen in der Nase haben die Tiere dafür ein spezielles Organ im Kopf, das Vomeronasal-Organ. Dadurch erkennen sie sogar, ob sie mit anderen Tieren verwandt sind. Um ihren Bau herum setzen Goldhamster Geruchsmarken über Kot, Urin und besondere Drüsen. Goldhamster haben an jeder Körperseite eine sogenannte Flankendrüse. Wenn Sie vorsichtig das Fell zur Seite pusten, können Sie die schwärzlichen Drüsen gut erkennen. Damit markieren hauptsächlich die Männchen ihr Revier.

Hören Goldhamster haben ein sehr gutes Gehör. Wenn sie aus ihrem Bau kommen, ist das der wichtigste Sinn, um eine drohende Gefahr wahrzunehmen. Neben den Tönen, die wir Menschen hören, können Goldhamster auch, ähnlich wie Fledermäuse, Ultraschall wahrnehmen. Junge Goldhamster rufen damit ihre Mutter, wenn sie sich verlassen fühlen. Feinde können diese Laute nicht hören.

Sehen Obwohl Goldhamster relativ große Augen haben, können sie nicht sehr gut sehen. Aufgrund ihrer Lebensweise ist das auch nicht so wichtig. Zwar hat die Wissenschaft hier noch nicht alles geklärt, doch vermutlich können Goldhamster keine Farben sehen. In Dressurversuchen zeigte sich, dass sie Farben höchstens durch ihre unterschiedliche Helligkeit unterscheiden können. Am besten erkennen sie Grün- und Gelbtöne. Außerdem sind Goldhamster kurzsichtig. Sie können Gegenstände nur bis zu etwa einem Meter Entfernung erkennen.

Fühlen Natürlich haben auch Goldhamster Sinneszellen in der Haut, mit denen sie Berührungen registrieren können. Auch Schmerzen nehmen Goldhamster sehr deutlich wahr. Interessanter und wichtiger für sie sind aber die Tasthaare um den Nasenbereich. Fünf Reihen solcher sogenannter Vibrissen haben Goldhamster. Beim Laufen, dem Ausweichen von Hindernissen oder dem Erkennen des Baueingangs sind sie sehr wichtig.

Goldhamster im Porträt

Neben der Wildform des Goldhamsters gibt es weitere Zuchtformen mit unterschiedlichen Fellzeichnungen und Farben. Falls Sie noch keine Erfahrung mit Hamstern haben, rate ich Ihnen zur pflegeleichten Wildform.

WILDFARBENER GOLDHAMSTER Er ist von seinen Verwandten in der Natur kaum zu unterscheiden und sicherlich am leichtesten zu halten.

PANDASCHECKE Wegen seines weißen Bandes um den Bauch wird er auch Weißbandhamster genannt. Besonders attraktiv sind die weißen Ringe um die schwarzen Augen. Schecken sind anspruchsvoller in der Pflege als ihre wildfarbenen Verwandten.

SATINHAMSTER Diese schöne Rasse hat ihren Namen wegen ihres seidigen Fells erhalten. Es gibt mehrere, meist einfarbige Farbvarianten. Sie gelten allgemein als gutmütig und gewöhnen sich leicht an den Menschen.

SCHECKE Diese braun-weiß, schwarz-weiß oder in drei Farben gescheckten Hamster gelten als etwas bissig und schwer an den Menschen zu gewöhnen.

TEDDYHAMSTER Typisch für diese Zuchtform ist das lange Fell, auch hier gibt es verschiedene einfarbige Varianten. Teddys sind gutmütig bis etwas träge.

RUSSENHAMSTER Ihren Namen erhielten die ansonsten meist weißen Tiere von den wie berußt erscheinenden Ohren. Sie sind pflegeleicht und verträglich.

EINFARBIG Dieser junge Goldhamster ist komplett schwarz gefärbt. Die gezielte Zucht solcher ausgefallener Rassen ist nicht einfach und gelingt meist nur erfahrenen Züchtern.

ALBINOHAMSTER Das weiße Fell und die roten Augen sind ihre Merkmale. Da sie sich nur schlecht tarnen können, sind Albinos in der Natur benachteiligt. Deswegen sind sie dort auch selten.

Willkommen zu Hause

Bevor Sie Ihren neuen Mitbewohner nach Hause holen, sind einige Vorbereitungen notwendig. Halten Sie Familienrat, in welchem Zimmer der Goldhamster sein Zuhause haben soll. Alles Wissenswerte zur artgerechten Haltung Ihres Hamsters erfahren Sie in diesem Kapitel.

Der richtige Standort für den Käfig

Überlegen Sie gut, wo der Käfig seinen festen Platz bekommen soll. Wie Sie bereits wissen (→ Seite 9), sind Goldhamster dämmerungs- bzw. nachtaktiv und wollen tagsüber ihre Ruhe haben. Suchen Sie also nach einem entsprechend ruhigen Platz. Am besten ist ein Zimmer, das tagsüber wenig benutzt und nicht dauernd betreten wird. Wohn- oder Kinderzimmer sind also eher ungünstig. Das macht die Suche natürlich schwierig, wenn nicht gar unmöglich. Zum einen möchte Ihr Kind seinen Liebling natürlich in der Nähe haben. Aber auch die Wohnverhältnisse erlauben meistens ebenfalls nichts anderes: So findet der Käfig dann doch häufig seinen Platz im Kinderzimmer.

Dort entscheiden Sie sich bitte für eine ruhige Ecke. Eine Beschallung des Käfigs durch den Fernseher oder ein Standort neben der Stereoanlage ist unbedingt zu vermeiden. Der Käfig sollte auch möglichst nicht nah am Fenster stehen. Der Goldhamster liebt kein grelles Licht und schon gar keine Sonneneinstrahlung. Neben der Helligkeit könnte es andernfalls zu einer unerwünschten Erwärmung des Käfigs in den Sommermonaten kommen. Die Temperatur sollte im Käfig nicht über 25 °C ansteigen. Ist das im Sommer schwierig, kann man den Käfig mit aufgelegten feuchten Tüchern kühlen. Niedrige Temperaturen sind hingegen kein Problem. So kann der Käfig auch im Winter ruhig im ungeheizten Zimmer stehen. Damit der Hamster aktiv bleibt, nehmen Sie als Richtwert 15 °C, die nicht längere Zeit unterschritten werden sollten.

Platzieren Sie den Käfig am besten in Augenhöhe, damit Sie Ihren Golhamster gut beobachten können. Idealerweise rücken Sie das Hamsterheim an eine Wand und dunkeln eine Seite zusätzlich ab, das weiß der Bewohner zu schätzen.

WILLKOMMEN ZU HAUSE

Das Goldhamsterheim

Nachdem die Frage des Standorts geklärt ist, können Sie auf die Suche nach einem geeigneten Käfig gehen. Meine Ratschläge helfen Ihnen dabei.

Tipps zum Käfigkauf

Bei der Wahl des Käfigs lautet die erste Regel: Der Käfig kann zu klein, aber nie zu groß sein.

Käfiggröße Als Mindestmaß für die Grundfläche wird allgemein von 3000 cm² ausgegangen. Das bedeutet eine Breite von mindestens 80 cm und eine Tiefe von 40 cm. Oft werden kleinere Käfige als »Hamsterkäfig« angeboten. Bedenken Sie, dass diese dann höchstens für Zwerghamster geeignet sind. Die Höhe des Käfigs sollte auch wenigstens 40 cm betragen. Schließlich müssen Sie ja Häuschen, Kletterzubehör oder auch ein Laufrad einbringen oder sogar zusätzliche Etagen einziehen.

Aus zwei mach eins Ein großer Käfig kann auch durch zwei kleinere ersetzt werden. Wenn Sie genügend Stellfläche haben, ist das sogar die bessere Variante. Die beiden Käfige werden dann über ein Plastikrohr miteinander verbunden, sodass Ihr Liebling bequem zwischen beiden Räumen wechseln kann. Das kommt dem natürlichen Hamsterbau auch mehr entgegen. In einem Käfig ist dann das Schlafnest und im anderen das Futterlager.

Käfige richtig verbinden Das Verbindungsrohr sollte nicht länger als 30 cm sein, auch, um es gut reinigen zu können. Bei längeren Verbindungsröhren wird die Belüftung problematisch. Es gibt aber biegsame Plastikröhren, die sogar kleine Löcher zur Belüftung haben. Fragen Sie im Baumarkt nach Dränagerohr, es ist für unsere Zwecke optimal. Als Verbindungsrohre können Sie ansonsten Abwasser-Plastikrohre (aus dem Baumarkt) mit einem Durchmesser von 5 cm verwenden. Ihr Goldhamster wird diese Röhren lieben, da sie den Verbindungsgängen des Hamsterbaus sehr nahe kommen.

Etagenwohnung Röhren können in einem großen Käfig auch mehrere Etagen verbinden. Dazu werden Holz- oder besser Plastiketagen im Käfig eingezo-

Ein Käfig mit eingebauten Etagen bietet dem Goldhamster mehr Fläche. Vielfältiges Beschäftigungsmaterial hält ihn fit.

Zwei Käfige lassen sich gut durch eine Röhre verbinden. So kann sich der Goldhamster wie im Erdbau in verschiedenen Kammern einrichten.

Röhrensysteme kommen bei Goldhamstern immer sehr gut an. Gönnen Sie Ihrem kleinen Freund dieses Vergnügen, es hält ihn gesund und fit.

gen. Die Höhe einer Etage sollte mindestens 20 cm betragen. Der Fachhandel bietet mit Zwischenböden ausgestattete Käfige an. Etagenboden aus Drahtgeflecht oder Gittern tut den kleinen Hamsterpfoten allerdings nicht gut. Die Etagen können Sie alternativ auch mit kleinen Leitern verbinden.

Ein Aquarium als Goldhamsterheim?

Ein ausrangiertes Aquarium kann zum Halten eines Hamsters genutzt werden, vorausgesetzt, es ist groß genug. Die Nachteile überwiegen allerdings. Vorteilhaft ist, dass beim Graben und Wühlen des Hamsters kaum Einstreu nach außen fällt. Der Bewohner ist gegen Zugluft und Geräusche gut abgeschirmt und kann nicht an den Seitenwänden hochklettern, sich verletzen oder ausbrechen. Ist das Becken mindestens 30 cm hoch, braucht es keine Abdeckung. Dann darf aber kein Gegenstand (z. B. das Schlafhaus) an der Wand zum Hochklettern stehen. Und die Nachteile? Da wäre als erstes die schlechte Belüftung des Beckens zu nennen, da ja die Luft nicht zirkulieren kann. Je größer das Becken, desto besser ist es belüftet. Für den Goldhamster brauchen Sie ein Aquarium von mindestens 1 m Seitenlänge. Auch das Säubern ist umständlich: Sie müssen alles ausräumen und das Becken als Ganzes auswaschen. Achten Sie darauf, ob Ihr Hamster im Aquarium ein auffälliges Verhalten zeigt, und schaffen Sie dann schnell Abhilfe (→ Seite 49).

Für Geschickte – **Käfig selber bauen**

Ausgangspunkt ist eine gekaufte oder aus Acrylglas selbst geklebte Bodenwanne. Bodenplatte, Rückwand und die Seitenteile schneiden Sie aus 15–20 mm starkem Holz zu. In die Führungsstreifen der Seitenteile passen Sie danach eine Frontplatte aus Acrylglas ein. Den Deckelrahmen bespannen Sie mit Fliegengaze und befestigen ihn mit Scharnieren an der Rückwand.

WILLKOMMEN ZU HAUSE

Ausstattung und Inneneinrichtung

Damit sich Ihr Goldhamster in seinem Käfig wirklich wohlfühlt, müssen Sie sein Zuhause artgerecht einrichten. Was zur Grundausstattung gehört, hält der Zoofachhandel in großer Auswahl für Sie bereit.

1 Hamsterhäuschen

Da Goldhamster es gewohnt sind, in der freien Natur im dunklen Bau zu leben, brauchen sie unbedingt eine Rückzugsmöglichkeit. Ein Käfig ohne Häuschen bedeutet Dauerstress für die Tiere. Ich rate Ihnen zu einem Häuschen aus Holz. Häuschen aus Kunststoff oder Keramik sind nicht empfehlenswert, weil sich darin Feuchtigkeit sammelt, was nicht gut für die Gesundheit des Goldhamsters ist. Der Zoohandel bietet verschiedene Varianten von Holzhäuschen an. Das Haus braucht nur einen Eingang, auf Fenster verzichtet der Goldhamster gern. Gehen Sie als Richtwert für die Größe der Bodenfläche etwa von 20 × 10 cm aus. Die Höhe sollte ungefähr 10 cm betragen. Ideal ist ein flaches Dach, dann kann Ihr Goldhamster auch gut hinaufklettern. Damit das Häuschen nicht immer im Käfig verrutscht, legen Sie einfach einen Stein aufs Dach.

2 Futterstelle

Der Hamster sucht in seinem Lebensraum sein Futter zwar überall, ein Futternapf bietet Ihnen aber die Möglichkeit, die Futtergaben besser zu kontrollieren. Am besten eignet sich ein Napf aus Porzellan oder Keramik, damit eine gewisse Standfestigkeit vorhanden ist. Der Napf sollte mindestens einen Durchmesser von 5–6 cm und eine Höhe von 2 cm haben. Ein leicht nach innen gebogener Rand verhindert, dass das Futter herausfällt.

3 Trinkflasche

Für den Käfigbewohner sollte immer Frischwasser zur Verfügung stehen. Aber bitte nicht im Napf, sondern in einer handelsüblichen Tränkflasche anbieten. Die Flasche lässt sich bequem außen am Käfig anbringen. So kann sie nicht zernagt werden und lässt sich schneller auffüllen. Wählen Sie Flaschen mit Doppelkugel-Verschluss.

4 Einstreu

Hier eignet sich Kleintierstreu aus dem Zoohandel meiner Erfahrung nach am besten. Nicht zu empfehlen sind dagegen Sägespäne, Torfmull, Katzenstreu oder Ähnliches. Neben der Einstreu sollte sich in einer Ecke des Käfigs auch immer ein Bündelchen Heu befinden. Der Goldhamster wird es gern in sein Schlafhäuschen zum Auspolstern eintragen. Verzichten Sie bitte auf die im Handel angebotene, synthetisch hergestellte »Hamsterwatte«. In ihren feinen Fäden können sich die Tiere verfangen oder sich sogar die Beine abschnüren.

5 Hamstertoilette

Im Fachhandel werden Ecktoiletten aus Keramik angeboten. Sie werden mit Sand gefüllt, der sich leicht wechseln lässt. Natürlich können Sie versuchen, Ihren Goldhamster daran zu gewöhnen, und manche nehmen die Toiletten wohl auch an. Seien Sie aber nicht enttäuscht, wenn Ihr Pflegling eigene Vorstellungen hat. Vielleicht sucht er sich seine Toilettenecke selbst, oder er verteilt gar alles gleichmäßig im Käfig. In seinem Bau hat er zwar meist eine eigene Toilettenkammer, aber im Käfig kann er sich durchaus anders verhalten.

WILLKOMMEN ZU HAUSE

Augen auf beim Hamsterkauf

Endlich ist es soweit: Der Käfig steht bereit, und sein Mieter kann einziehen. Beachten Sie bei Kauf und Heimtransport grundlegende Dinge, so haben Sie und Ihr Pflegling einen guten Start.

Zoohandel oder Züchter?

Meistens führt der erste Weg natürlich zum nächstgelegenen Zoofachgeschäft bzw. zu einem Baumarkt mit angeschlossener Zooabteilung. Die Fachverkäufer werden regelmäßig geschult und sollten alle ihre Fragen beantworten können. Die angebotenen Tiere stammen meist von professionellen Züchtern oder manchmal auch aus Liebhaberzuchten. Ihr Zoofachgeschäft sollte dem »Zentralverband Zoologischer Fachbetriebe Deutschlands e.V.« angeschlossen sein (→ Adressen Seite 62). Sie können Ihren Hamster auch direkt beim Züchter kaufen. Ältere Goldhamster warten manchmal im Tierheim auf eine neue Pflegestelle. Das Tierheim gibt Pfleglinge gerne in gute Hände ab.

Was muss ich beim Kauf beachten?

Suchen Sie möglichst mehrere Zoohandlungen auf und vergleichen Sie. Werden die Tiere artgerecht gehalten? Sind sie nicht zu grell beleuchtet, und haben sie ein Schlafhäuschen als Rückzugsmöglichkeit? Sind sie ausreichend mit Futter und Frischwasser versorgt? Auch die richtige Tageszeit ist wichtig beim Hamsterkauf. Goldhamster sind erst spät am Tag aktiv, verlegen Sie also Ihren Kauf in die späten Nachmittagsstunden. Beobachten Sie die Tiere in aller Ruhe, nehmen Sie sich mindestens 15–20 Minuten Zeit. Suchen Sie Ihren Favoriten aus und prüfen Sie, ob er die Anforderungen eines gesunden Hamsters erfüllt (→ Checkliste rechts).

Die Qual der Wahl

Die verschiedenen Goldhamsterrassen (→ Seite 14/15) unterscheiden sich außer im Aussehen nur geringfügig im Verhalten. Die Auswahl ist also Geschmackssache. Ich rate besonders Kindern und Anfängern in der Haltung immer zur Wildform. Sie ist unkomplizierter in der Pflege und meistens weniger krankheitsanfällig. Entscheiden Sie sich am besten für einen jungen Goldhamster. Im Alter von

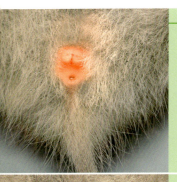

1 Die Geschlechter sind am besten zu unterscheiden am Abstand von After zur Geschlechtsöffnung. Beim Weibchen ist dieser Abstand kleiner.

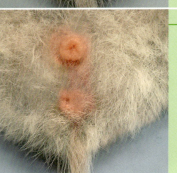

2 Beim Männchen ist der Abstand zwischen After und Penis größer. Das Männchen ist im Sommer an seinen herausgetretenen Hoden zu erkennen.

Augen auf beim Hamsterkauf

vier Wochen sind die kleinen Hamster selbstständig und werden von ihren Müttern entwöhnt. Ein vier bis acht Wochen altes Tier wäre also optimal. Kann der Händler Ihnen kein genaues Alter nennen, hilft nur der Vergleich mit ausgewachsenen Tieren. Goldhamster wiegen mit fünf Wochen etwa 55 Gramm und sind dann etwa halb so groß wie die ausgewachsenen Tiere.

Männchen oder Weibchen?

Bei der Pflege der Tiere gibt es kaum Unterschiede zwischen Männchen und Weibchen. Weibchen riechen etwas, wenn sie paarungsbereit sind. Das Geschlecht ist bei Hamstern manchmal schwierig zu unterscheiden. In der warmen Jahreszeit treten die Hoden der Männchen etwas heraus, was dann von oben zu erkennen ist. Bei den Männchen ist der Abstand zwischen Geschlechts- und Afteröffnung größer als bei weiblichen Tieren.

Der Heimtransport

Kaufen Sie eine Transportbox für Kleintiere, um Ihren Hamster sicher und möglichst stressarm zu transportieren. Aus der Faltschachtel des Händlers kann er sich leicht befreien. Die Box leistet Ihnen zu Hause weiter gute Dienste als »Zwischenaufenthalt« beim Käfigreinigen oder für den Weg zum Tierarzt. Lassen Sie sich vom Händler etwas alte Einstreu aus dem Verkaufskäfig mit in die Box geben. Der vertraute Geruch beruhigt das Tier. Bei längerem Transport ist ein aufgeschnittener Apfel oder ein Stück Mohrrübe wegen der Feuchtigkeit wichtig. Eine Wasserflasche ist nicht zu empfehlen, sie kann auslaufen. Die Box sollte sich im Sommer nicht überhitzen, deshalb wäre ein Wagen mit Klimaanlage ideal. Transportieren Sie den Hamster im Auto auf dem Rücksitz, nicht im Kofferraum.

Gesundheit auf einen Blick

VERHALTEN	Der Hamster ist lebhaft und bewegt sich normal.
FELL	Das Fell ist glatt und glänzend, nicht struppig und liegt eng am Körper an.
HAUT	Die Hautoberfläche weist keine Wunden, fellfreie Stellen oder Verkrustungen auf. Der Hamster kratzt sich nicht ständig.
AFTER	Die Umgebung des Schwanzes und des Afters ist trocken.
AUGEN	Die Augen sind offen, klar, glänzend, nicht eingefallen und nicht weit hervortretend.
NASE	Die Nase ist trocken, sauber und nicht gerötet, der Hamster sollte nicht niesen.
OHREN	Die Ohren sind entfaltet, nicht beschädigt und sauber.
MUND	Die Mundöffnung ist sauber, die Backentaschen sind leer. Falls die Taschen gefüllt sind, warten Sie, bis der Hamster sie geleert hat.

WILLKOMMEN ZU HAUSE

Eingewöhnen leicht gemacht

Sie haben Ihren kleinen Goldhamster heil nach Hause gebracht. Um sein Vertrauen zu gewinnen, ist es jetzt wichtig, dass Sie behutsam vorgehen.

Der Einzug ins neue Heim

Zu Hause angekommen, setzen Sie den Hamster sofort vorsichtig in seine neue Behausung. Geben Sie die alte Einstreu aus der Transportbox in den Käfig. Sitzt der Hamster in einer Faltschachtel vom Händler, stellen Sie sie in den Käfig und öffnen Sie sie vorsichtig. So kann er alleine herauskriechen.

In Ruhe lassen Nach dem großen Stress des Umzugs braucht Ihr neuer Mitbewohner jetzt erst einmal viel Ruhe! Und die müssen Sie ihm geben. Auch wenn es schwerfällt, stören Sie ihn mindestens eine Woche lang so wenig wie möglich. Setzen Sie sich ganz ruhig vor den Käfig, vermeiden Sie hastige Bewegungen und hochfrequente Geräusche.

Vorsichtige Annäherung Hantieren Sie nicht im und am Käfig. Außer der Futter- und Wasserbereitstellung verändern Sie in den ersten Tagen nichts. Stellen Sie das Futter erst dann hinein, wenn der Hamster schon in seinem Häuschen ist. Heben Sie es auf keinen Fall hoch. Sicher hat er sich nach dem Einsetzen sofort in seiner Behausung versteckt. Nach und nach wird er herauskommen und sein neues Revier mit seinem Geruch markieren. Lassen Sie ihn alle Einrichtungsgegenstände freiwillig erkunden. Verzichten Sie auf Freilauf in dieser ersten Woche. Läuft der Hamster nach ein paar Tagen nicht mehr ängstlich durch den Käfig, ruht er am Tag in seinem Häuschen und beginnt seine Aktivität mit Strecken und Gähnen, hat er sich mit seinem neuen Zuhause angefreundet.

Die richtige Kontaktaufnahme

Wenn Ihr Hamster sich mit seinem Käfig vertraut gemacht hat, ist der Zeitpunkt gekommen, ihn an seinen Pfleger zu gewöhnen. Der Hamster soll erkennen, dass von Ihnen oder Ihrer Hand keine Gefahr droht. Dabei müssen Sie wirklich sehr langsam und mit viel, viel Geduld vorgehen.

Erste Schritte Bewegen Sie sich stets langsam und ruhig, um den Hamster durch hastige Bewegungen nicht zu verunsichern. Lassen Sie die Käfigtür zunächst verschlossen. Versuchen Sie, ihm etwas besonders Leckeres zum Fressen durch die Käfigwand anzubieten. Beispielsweise ein Stückchen Apfel oder Möhre, eine Erdnuss oder – sehr wirkungsvoll – ein Mehlwurm. Auch ein Klecks Quark auf dem Zeigefinger ist für Goldhamster verführerisch. Jetzt muss sich der Hamster zwischen Zurückweichen und Annähern entscheiden. Vielleicht beginnt er sich jetzt plötzlich zu putzen. Die Biologen nennen das Übersprungsverhalten. Kann sich ein Tier nicht zwischen zwei gegensätzlichen Verhaltensweisen entscheiden, entlädt sich die angestaute Energie in einem völlig anderen Verhalten. Bald werden jedoch die Neugier und das Futter siegen, und er holt sich den Bissen von Ihrem Finger.

Vertrauen aufbauen Die ersten Hürden sind überwunden, nun können Sie den zweiten Schritt machen und die Käfigtür öffnen. Läuft der Hamster in sein Häuschen, heben Sie es nicht hoch und treiben Sie ihn nicht heraus. Reiben Sie Ihre Hand mit Spänen aus dem Käfig ein, um ihr einen vertrauten Geruch zu geben. Legen Sie die Hand dann ruhig in den Käfig und warten Sie so lange ab, bis sich der Hamster Ihrer Hand nähert und daran schnuppert.

ZEIT LASSEN Nur mit viel Geduld und vorsichtiger Annäherung lässt sich das Vertrauen des Goldhamsters gewinnen. In der ersten Woche sollte er bei all Ihrer Neugier völlig in Ruhe gelassen werden. Das Füttern und die Kontrolle des Käfigs auf Frischfutterreste sollten sehr vorsichtig und nicht in der Ruhephase des Hamsters erfolgen. Dann können Sie ihn in den Abendstunden durch das Käfiggitter beobachten. Sprechen Sie mit leiser, ruhiger Stimme zu Ihrem neuen Hausgenossen.

MIT LECKERLI LOCKEN Die zweite Phase der Gewöhnung läuft nach der Devise »Liebe geht durch den Magen«. Reichen Sie Ihrem Goldhamster frisches Grün, Obststückchen oder einen Mehlwurm mit einem Hölzchen (Zahnstocher) durch die Gitterstäbe. Beißt er an, können Sie es beim nächsten Ma(h)l durch die geöffnete Käfigtür versuchen. Dann den Leckerbissen ohne Hölzchen mit Daumen und Zeigefinger geben.

AN DIE HAND GEWÖHNEN Lassen Sie Ihren neuen Freund ausgiebig – auch ohne Futter – an Ihrer Hand riechen. Reiben Sie Ihre Hände vorher am besten mit etwas Streu aus dem Käfig ein.

Gute Umgangsformen

Die ersten Wochen mit Ihrem Goldhamster liegen nun hinter Ihnen, und Sie haben es mit viel Geduld geschafft, dass Ihr Liebling sich Ihnen, wenn auch noch vorsichtig, nähert und nicht mehr ganz so ängstlich wie am Anfang auf Sie reagiert.

Mein Freund, der Goldhamster

Auf Seite 24 habe ich beschrieben, wie Sie die ersten Schritte bei der Kontaktaufnahme gestalten sollten. Irgendwann wird Ihr Goldhamster seine Scheu überwunden haben und auf Ihre Hand klettern. Wenn er nach einigen »Sitzungen« völlig vertraut ist mit Ihrer Hand, können Sie ihn vorsichtig mit einem Finger im Nacken und auf dem Rücken streicheln. Findet er Gefallen daran, haben Sie den Kontakt mit ihm hergestellt. Die Zeit bis zu diesem Erfolgserlebnis kann unterschiedlich lang sein.

Unterschiede bei den Rassen Auch Goldhamster sind kleine Persönlichkeiten, und jeder für sich hat einen unterschiedlichen Charakter und eine eigene Art. Manche sind leicht einzugewöhnen, andere sind länger scheu. Besonders den gescheckten Rassen sagt man manchmal nach, dass sie sich schwerer an den Menschen gewöhnen. Deshalb meine Empfehlung, es als Einsteiger bei der Hamsterhaltung zuerst mit einem wildfarbenen Goldhamster zu versuchen.

Zu viele Bezugspersonen meiden Während der Eingewöhnungszeit tut es Ihrem Goldhamster gar nicht gut, wenn ständig verschiedene Personen mit ihm Kontakt suchen. Besonders kleinere Kinder sind manchmal etwas zu lebhaft, worauf der neue Hausgenosse ängstlich reagieren kann.

Hochheben und Umsetzen

Eigentlich sollte es nie nötig sein, den Hamster mit den Händen gegen seinen Willen hochzuheben oder umzusetzen. Möglichst sollte er also alles freiwillig machen und auch ohne Zwang in Ihre Hand kommen. Versuche mit Messungen der Herzfrequenz in unserem Institut haben gezeigt, dass das »Handling«, wie der Fachmann das Anfassen und Hochheben des Hamsters nennt, für das Tier großen Stress bedeutet. Doch auch hier hilft behutsames und richtiges Vorgehen, denn Vermeiden lässt sich das Hochheben ja nicht immer.

Der Becher-Trick Spätestens zur Reinigung des Käfigs muss Ihr Goldhamster umgesetzt werden. Nehmen Sie am besten ein Behältnis zu Hilfe.

Die schützende Höhle der Hände verringert den Stress des Goldhamsters beim Herumtragen.

Benutzen Sie beispielsweise einen genügend großen Becher, ein Glas oder eine Schachtel. Reiben Sie diesen Behälter mit etwas Streu aus dem Käfig ein. Dann halten Sie ihn vor den Hamster und nähern sich von hinten mit der anderen Hand. Das Tier wird versuchen, auszuweichen und auf der Suche nach einem Fluchtweg in den Behälter klettern. Nun halten Sie den Behälter mit der Hand zu und können so den Hamster transportieren.

Hand anlegen – aber richtig Sobald der Hamster an Ihre Hand gewöhnt ist, beispielsweise gerne daran schnuppert, sogar hinaufklettert und sich streicheln lässt, können Sie ihn unbesorgt mit bloßen Händen transportieren. Bitte benutzen Sie keine Handschuhe. Damit haben Sie kein richtiges Gefühl für den doch empfindlichen kleinen Körper des Goldhamsters. Dadurch besteht die Gefahr, dass Sie ihn entweder zu leicht umfassen, sodass er zu Boden fallen kann, oder Sie verletzen ihn durch einen zu festen Griff. Umgreifen Sie also mit beiden bloßen Händen den Hamster von hinten oben und bilden Sie so quasi eine schützende Höhle um ihn. Dann führen Sie die Hände unter dem Hamster zusammen und können ihn aus dem Käfig nehmen. Dabei müssen Sie immer aufpassen, dass er nicht von Ihren Händen springt. Ist der Käfig zu schmal oder müssen Sie das Tier aus einer engen Nische holen, können Sie den Hamster auch mit einer Hand von hinten umgreifen, Daumen und Zeigefinger hinter den Vorderbeinen zusammenführen (→ Abb. Seite 40-1) und die andere Hand unter das Tier schieben. Bitte benutzen Sie keine andere Methode zum Transport des Tieres. Das Greifen des Hamsters in der Genickfalte, wie manchmal empfohlen wird, sollten Sie lieber bleiben lassen. Dazu gehört Übung und das professionelle Geschick z. B. eines Züchters oder Tierarztes.

Goldhamster und andere Haustiere

TIPPS VOM
HAMSTER-EXPERTEN
Peter Fritzsche

GRUNDREGEL BEACHTEN Verabschieden Sie sich von der Idee, eine Hausgemeinschaft von Katze, Hund und Hamster zu haben. Hamster sind und bleiben Singles und sind auch nicht umziehbar. Daraus folgt als wichtigste Vorsichtsmaßnahme: Kein Tier, gleich welcher Art, darf mit Ihrem Goldhamster in Kontakt kommen.

KATZEN Das Halten von Katzen und Hamstern in einem Haushalt ist erwiesenermaßen schwierig, da Katzen keinen Zutritt zu dem Zimmer haben dürfen, in dem der Goldhamsterkäfig steht. Katzen haben Hamster als Beutetier in ihrem angeborenen Verhaltensprogramm. Schon die bloße Anwesenheit der Katze ist eine starke Belastung für den Hamster und auf Dauer nicht ratsam.

HUNDE Hunde sind unproblematischer, wenn sie sich nicht für Ihren Hamster interessieren. Aber auch sie dürfen nicht mit dem Goldhamster zusammentreffen, vor allem nicht beim Freilauf.

FISCHE & CO. Halten Sie andere Kleintiere im Käfig, in Terrarien oder Aquarien, ist das in der Regel natürlich völlig unproblematisch.

WILLKOMMEN ZU HAUSE

Nachwuchs beim Goldhamster

An dieser Stelle möchte ich Ihnen selbstverständlich keine Anleitung zur Goldhamsterzucht geben. Die Vermehrung von Hamstern sollte professionellen Züchtern vorbehalten bleiben. Dann ist der Absatz der Jungtiere geregelt, und außerdem werden diese Tiere ständig von Amtstierärzten kontrolliert. Nun kann es aber sein, dass Sie sich ein besonders kräftiges Weibchen ausgesucht haben und zu Hause nach kurzer Zeit ein Piepsen aus dem Hamsterhäuschen hören. Ein Blick hinein bekräftigt die Vermutung: Es sind Junge da. Auch wenn Sie sich kein trächtiges Tier ins Haus geholt haben, ist es für Hamsterfreunde immer interessant zu erfahren, wie sich Goldhamster fortpflanzen.

Paarung

Wie die meisten Säugetiere sind auch Goldhamsterweibchen nicht immer paarungsbereit. In der Natur ist die Zeit der Fortpflanzung auf wenige Monate im Frühling beschränkt. Bei der Haltung in geheizten Räumen mit ausreichend Licht sind die Weibchen und auch Männchen im Prinzip das ganze Jahr über fortpflanzungsfähig. Die Weibchen sind etwa alle vier Tage über mehrere Stunden paarungsbereit, und zwar vom Abend bis etwa zur Mitte des nächsten Tages. Nach der Paarung duldet das Weibchen das Männchen nicht mehr, und es muss vom Züchter entfernt werden. In der freien Natur vertreibt das Weibchen das Männchen.

Trächtigkeit und Geburt

Mit seiner kurzen Tragzeit (so nennt man die Schwangerschaft bei Tieren) ist das Goldhamsterweibchen rekordverdächtig unter den Säugetieren. Genau 16 Tage dauert sie nur. Während dieser Zeit trägt die werdende Mutter Nestmaterial und Futter für die zu erwartenden Jungen ein. Haben Sie ein trächtiges Weibchen, sollten Sie unbedingt Material zum Nestbau anbieten. Sehr gern wird weicher Zellstoff (z. B. Papiertaschentücher) angenommen. Die trächtige Hamsterfrau braucht ausreichend eiweißreiche Nahrung, aber auch etwas Frisches sollte täglich auf dem Speiseplan stehen. Kurz vor der Geburt wird das Weibchen immer ruhiger und kommt immer seltener aus seinem Häuschen. Jetzt darf die werdende Mutter nicht gestört werden. Also auch bitte keine Käfigputzaktion! Die Geburt erfolgt meist in den Morgenstunden. In der Regel werden acht kleine und nackte Jungtiere geboren.

Goldhamsterweibchen sind in Paarungslaune sehr geduldig, aber nur, solange der Akt andauert.

Nachwuchs beim Goldhamster

Aufzucht der Jungen

Bei der Geburt wiegt ein Jungtier nicht mehr als etwa 2,5 Gramm. Die Jungen können sich kaum bewegen. Sie versuchen, immer mit dem Kopf voran, »bohrend« an die Zitzen der Mutter zu kommen. Dann halten Sie sich mit ihren kleinen Nagezähnen an der Zitze fest. Die Mutter verlässt ihren Wurf nur zum Fressen. Bitte stören Sie das Familienglück nicht. Klar, dass Sie es nicht aushalten und nur zu gern wissen möchten, wie die Jungtiere aussehen und wie viele es sind. Schauen Sie am besten einen Tag nach der Geburt, wenn die Mutter draußen ist, vorsichtig in das Häuschen. Sobald die Mutter weg ist, rufen die Jungtiere nach ihr. Wir Menschen hören diese Laute nicht, da sie, ähnlich wie die Rufe der Fledermäuse, im Ultraschallbereich liegen.

1 FRISCH GEBOREN Der gerade geborene, einen Tag alte Goldhamster ist nackt und rosafarben. Seine Augen sind mit verklebten Lidern verschlossen. Hamster sind Nesthocker und können ihre Körpertemperatur nicht regulieren. Ohne die Wärme der Mutter sterben sie. Diese reagiert auf Störungen sehr empfindlich und kann ihre Jungen vernachlässigen oder sogar fressen.

2 EINE WOCHE ALT Im Alter von sieben Tagen kriechen die Jungen bereits unter Einsatz der Vorder- und Hinterbeine kleinere Strecken. Die Augen sind noch geschlossen, aber das Hören und Riechen funktioniert schon. Sie können ihren Kopf heben und sich aus der Rückenlage drehen. Langsam versuchen sie, an festen Futterbrocken zu knabbern. Ihr Fell beginnt sich umzufärben.

3 FAST ERWACHSEN Mit drei Wochen ist ein Goldhamster selbstständig. Alle Sinne funktionieren, die Kleinen können sich selbst ernähren und werden nicht mehr von der Mutter gesäugt. Jetzt verlassen die Jungen das erste Mal den Bau. Eine Woche später trennt sich die Mutter in der Natur von ihrem Nachwuchs. Als Heimtiere sollten sie jetzt bald einen eigenen Käfig bekommen.

Junger Hamster – alter Hamster

Es ist faszinierend zu beobachten, was für eine rasante Entwicklung Goldhamster zu Beginn ihres leider doch recht kurzen Lebens durchlaufen.

Junge Goldhamster

Schon an ihrem zweiten Lebenstag beginnt das Fell der Jungtiere zu wachsen. Zunächst ist nur ein grauer Flaum zu sehen. Er wächst aber immer mehr, und ungefähr nach zwei Wochen hat sich das Fell auch braun umgefärbt. Ebenfalls am zweiten Tag beginnen die Jungen mit ersten Bewegungen der Vorderbeine. Am sechsten Lebenstag kommen die Hinterbeine dazu. Im Alter von knapp zwei Wochen können die jungen Goldhamster schon selbst das Nest verlassen. Ihr Geburtsgewicht verdoppelt sich am sechsten Tag, mit 14 Tagen wiegen sie um die 15 Gramm. Als erster Sinn entwickelt sich das Riechvermögen. Wie Tests gezeigt haben, können sie bereits am fünften Lebenstag ihr eigenes Nest am Geruch erkennen. Auch die Ohrmuscheln haben sich dann entfaltet. Die Entwicklung des Sehens dauert etwas länger. Die Augen beginnen sich erst nach 14 Tagen zu öffnen. Etwa drei Wochen lang werden die Jungen von der Mutter gesäugt. Danach nehmen sie nur noch feste Nahrung auf. Dieses Knabbern an Futterbrocken beginnt schon im Alter von etwa 13 Tagen. Manchmal kann man beobachten, wie die Jungen an Kotballen nagen. Das ist nicht bedenklich, sie nehmen so Mineralstoffe auf, die noch im Kot enthalten sind. Nachdem die Jungen also im Alter von drei Wochen ziemlich selbstständig sind, beginnen sie in der Natur, den Bau für kleine Ausflüge zu verlassen. In der Heimtierhaltung belässt man die Jungen bis zu einem Alter von vier Wochen bei der Mutter. Danach werden sie abgesetzt, das heißt sie bekommen ihren eigenen Käfig.

Erwachsene Goldhamster

Die Weibchen werden schon mit etwa vier Wochen geschlechtsreif, bei den Männchen dauert es mit knapp sechs Wochen etwas länger. Nach Männ-

Junge Goldhamster im Alter von etwa drei Wochen. Noch leben sie friedlich zusammen – bald aber werden sie unverträglich und wollen allein leben.

Junger Hamster – alter Hamster

cher und Weibchen getrennt, können Geschwister noch eine Weile einen Käfig gemeinsam bewohnen. Mit der Zeit kommt es aber immer mehr zu Auseinandersetzungen und Beißereien. Nun, nach etwa sechs Wochen, sollten die Jungen getrennt werden. Jetzt können sie auch im Zoofachgeschäft erworben werden. Als Züchter kann man versuchen, Männchen und Weibchen ab einem Alter von zwei Monaten zu verpaaren. Goldhamster haben kein sehr langes Leben vor sich. In der freien Natur werden sie im Zeitraum von März bis Mai geboren, überleben wohl nur einen Winter und sterben im Herbst des zweiten Jahres. Als wohlbehütete Heimtiere leben sie unter idealen Bedingungen: genug Futter, keine Feinde und angenehme Temperaturen. So ist es nicht ungewöhnlich, dass Goldhamster im Käfig bis zu drei, manchmal sogar vier Jahre alt werden.

Alte Goldhamster

Seien Sie also nicht verunsichert oder traurig, wenn Ihr Hamster schon mit etwa zwei Jahren Alterserscheinungen zeigt. Woran erkennen Sie nun, ob der Hamster älter wird? Hier ist es natürlich günstig, wenn Sie ungefähr wissen, wann Ihr Pflegling geboren wurde. Man kann aber Altersanzeichen auch sehr gut im Verhalten erkennen: Der Hamster kommt nicht mehr wie üblich nachmittags oder abends aus seinem Häuschen, sondern erst viel später. Er bewegt sich immer langsamer und bedächtiger und geht seltener in sein Laufrad. Fressen und Hamstern ist nicht mehr so wichtig. Auch sein Aussehen verändert sich: Sein Fell wird struppig. Er beginnt zuerst im Kopfbereich Fell zu verlieren. Vielleicht bekommt er schorfige Stellen auf der Haut und verliert auch an Gewicht. Nehmen Sie jetzt viel Rücksicht auf Ihren alten Freund, lassen Sie ihn in Ruhe und füttern Sie ihn mit seinem Lieblingsfutter.

Struppiges Fell, Gewichtsabnahme und geringe Aktivität sind die Anzeichen alternder Hamster. Die »Senioren« brauchen besonders viel Ruhe.

Abschied **vom Goldhamster**

WENN GOLDHAMSTER STERBEN Wer seinen Pflegling immer aufmerksam beobachtet, wird irgendwann feststellen, dass er zu altern beginnt. Sind Sie sich nicht sicher, beraten Sie sich mit einem Tierarzt. Oft bekommen ältere Hamster auch Krankheiten wie Tumore, und es ist dann besser, sie von ihrem Leiden zu erlösen. Versuchen Sie Ihren Kindern sanft nahezubringen, dass Leben auch den Tod beinhaltet. Sprechen Sie rechtzeitig mit ihnen darüber, dass Goldhamster nicht sehr alt werden, und bereiten Sie sie darauf vor. Begraben Sie Ihren Liebling im Garten oder an einem anderen Lieblingsplatz. Das Vergraben von Kleintieren auf eigenem Gelände ist in einer Mindesttiefe von einem halben Meter vom Gesetz her erlaubt.

Goldrichtige Pflege

Gesunde Ernährung und ausreichend Bewegung sind auch beim Goldhamster Voraussetzung für ein langes Leben. Bei der Pflege Ihres Lieblings gilt es, die richtige Balance zu finden: Neben zu wenig kann aber auch zu viel Zuwendung schaden. Deshalb sind optimale Ernährung und artgerechte Pflege so wichtig.

Was frisst der Goldhamster in der Natur?

Die beste Zeit für den Goldhamster in der Natur beginnt Ende des Winters, d.h. in den Wochen von Ende Februar bis Anfang März: Nach der kalten Zeit erwärmt die Sonne den Boden, und der Hamster kommt aus seinem Bau. Jetzt hat er seine Vorräte aufgebraucht, der Hunger treibt ihn an die Oberfläche, wo frisches Futter lockt.

Der Hamster im Feld
Früher lebten Goldhamster in Steppengebieten, wo die Wege zum Futter manchmal lang waren. In der heutigen Zeit wird aber überall, wo es nur irgend möglich ist, Landwirtschaft betrieben. Hat der Goldhamster seinen Bau auf solch einem Feld, wächst das Futter bequem in seiner unmittelbaren Nähe. Linsen- und Kichererbsenfelder haben es ihm besonders angetan. Aber auch in Weizenfeldern findet man Goldhamsterbaue. Der Goldhamster verlässt seinen schützenden Bau nur zur Nahrungssuche, oder wenn er Ausschau hält nach einem Fortpflanzungspartner. Goldhamster fressen selten außerhalb des Baus, sie tragen alle Nahrung nach Hause. An erster Stelle stehen dabei frische Pflanzen aller Art und Getreidekörner. Auch kleine Insekten und Würmer vertilgt der Goldhamster gerne zur Deckung seines Eiweißbedarfs. Schon im Juni brennt die Sonne unbarmherzig und trocknet alles aus. Dann finden die Goldhamster meist nur noch Samen. Frischfutter gibt es nur, wenn Früchte wie z.B. Melonen auf den Feldern angebaut werden. Im Bau wird das gehamsterte Futter in einer speziellen Kammer aufbewahrt. Es herrscht Ordnung im Bau. Schließlich muss das Futter über den ganzen Herbst und Winter reichen. Der gepflegte Bau ist auch der Grund dafür, dass Goldhamster kaum von Krankheitserregern befallen werden.

GOLDRICHTIGE PFLEGE

Gesundheit aus dem Futternapf

Das Futter für den Goldhamster als Heimtier stammt aus drei Bereichen. Den Hauptanteil macht etwa zur Hälfte Trockenfutter aus Samen und getrockneten Pflanzenteilen aus. Die andere Hälfte besteht hauptsächlich aus Frischfutter. Ein kleiner, aber nicht unwichtiger Anteil des Futters versorgt den Hamster mit tierischem Eiweiß.

Pflanzliches Trockenfutter

Im Zoofachhandel werden unterschiedliche Mischungen von Trockenfutter für Kleintiere oder sogar speziell für den Goldhamster angeboten.

> ### Hamsterfutter **Marke Eigenbau**
>
> **DELIKATESSEN** Verwöhnen Sie Ihren Liebling mit auf Wiesen gesammelten frischen Kräutern. Ideal zum Verfüttern sind z. B. Löwenzahn, Klee, Wegerich (alle Arten), Gänseblümchen, Minze, Hirtentäschel oder Petersilie. Bitte holen Sie die Pflanzen nicht von Hundewiesen oder den Rändern stark befahrener Straßen.
>
> **AUS EIGENER ERNTE** Sie können einige Pflanzen auch selbst anbauen. Dafür müssen Sie kein Gartenbesitzer sein. In einer Schale mit etwas Erde oder Zellstoff lassen sich viele Kräutersamen, aber auch Weizenkörner oder Grassamen zum Keimen bringen. Halten Sie sie gleichmäßig feucht, dann zeigen sich bald die ersten grünen Triebe. Jetzt tut etwas Pflanzendünger gut. Sobald die Pflänzchen groß genug sind, stellen Sie die Schale einfach in den Käfig Ihres Lieblings.

Dieses Futter können Sie in der Regel bedenkenlos kaufen und Ihrem Pflegling anbieten.

Futtermischungen Dieses Trockenfutter enthält hauptsächlich Samen verschiedener Getreidearten, Haferflocken, Sonnenblumenkerne sowie speziell hergestellte Futterflocken. Achten Sie besonders darauf, dass das Futter keinen oder nur sehr wenig Zucker enthält. Erkrankungen des Magen-Darm-Trakts, aber auch Diabetes, sind meistens auf zu viel Zucker in der Nahrung zurückzuführen. Wichtig ist auch der Fettgehalt der Nahrung, der nicht zu hoch sein darf. Viel Fett steuern bekanntlich Sonnenblumenkerne oder Nüsse bei. Gutes Hamsterfutter enthält darüber hinaus einen gewissen Anteil an tierischem Eiweiß, der z. B. in Form von Trockenfleisch oder getrockneten Insekten beigefügt sein kann. Kaufen Sie nicht zu viel Futter auf Vorrat. Überlagertes Futter kann Schimmel enthalten oder ist von anderen kleinen oder auch größeren Organismen wie z. B. Dörrobstmotten befallen. Heben Sie das Futter deshalb unbedingt in luftdicht schließenden Kunststoffbehältnissen auf.

Hinweis Vielleicht haben Sie Lust, einmal die Zusammensetzung verschiedener Futtermischungen zu vergleichen? Sie können sich dazu eine Tabelle anlegen, in der Sie die Anteile der einzelnen Futtermischungen eintragen. Sie sind auf der Packung aufgedruckt. Dann vergleichen Sie folgende Grundanteile: Kohlenhydrate (Hauptnährstoff, ca. 65 %), Rohprotein (Eiweißanteil, 15–20 %), Rohfett (wenig, bis 5 %), Rohfaser (Ballaststoffe, 8–10 %), Rohasche (Mineralstoffe und Spurenelemente, ca. 4 %). Die Werte in Klammern sind hier als Richtwerte für die optimalen Anteile genannt.

Gesundheit aus dem Futternapf

Futter genießt der Goldhamster nicht nur aus dem Napf. Auch an einer schönen Weizenähre kann Ihr kleiner Freund genussvoll knabbern.

Golliwoog *(Callisia repens)* nennt man diese in Lateinamerika beheimatete Zimmerpflanze. Sie kann leicht vermehrt werden und schmeckt vielleicht auch Ihrem Hamster?

Futterwechsel Wechseln Sie ruhig zwischen verschiedenen Futtermischungen. Beobachten Sie dabei Ihren Pflegling. Hat er besondere Vorlieben? Bedenken Sie aber, dass nicht immer das beliebteste Futter auch das gesündeste ist. Mischen Sie das Futter nicht selbst: Es macht viel Arbeit, und die richtige Zusammenstellung ist nicht einfach.

Futterdosis Die richtige Futtermenge lässt sich schwer benennen. Deshalb sollte im Napf immer Trockenfutter enthalten sein. Zwei bis drei Teelöffel am Tag frisst ein erwachsener Goldhamster ungefähr. Ist das Futter schnell weg, vergessen Sie nicht, dass Sie einen Hamster pflegen. Suchen Sie also den Käfig von Zeit zu Zeit nach gehamstertem Futter ab. Zusätzlich zum gekauften Futter mag Ihr Goldhamster auch gerne ein Stückchen trockenes Brot. Es eignet sich gut zur Benutzung und Pflege seiner Nagezähne. Der Hamster frisst auch trockene Pflanzenteile, also Heu. Sie liefern ihm den wichtigen Rohfaseranteil der Nahrung. Ideal ist es, wenn das Heu auch Wiesenkräuter enthält.

Wertvolles Frischfutter

Ihr Goldhamster braucht unbedingt die im Frischfutter enthaltenen Vitamine und Mineralstoffe. In der Natur decken die Tiere zudem auch ihren Wasserbedarf aus dem Frischfutter. Wenn Sie regelmäßig Obst und Gemüse füttern, wird Ihr Goldhamster die Trinkflasche nicht anrühren. Neben Mohrrübe, Apfel und Gurke sollten Sie auch Beeren und Wildpflanzen anbieten. Salat und Chicorée nur ab und zu füttern. Zum Frischfutter gehören auch Zweige von Obstgehölzen wie Apfel, Birne oder Kirsche, die Sie mit Blättern in den Käfig legen können. Neben der Aufnahme von Nähr- und Ballaststoffen kann Ihr Pflegling hier auch seine Nagezähne wunderbar erproben. Frischfutter können Sie nicht auf Vorrat füttern. Ideal für Ihren Hamster ist Frisches abends und auch nur in kleinen Mengen. Reste am nächsten Tag aus dem Käfig nehmen! Fehler bei der Fütterung mit Frischfutter sind leider häufig die Ursachen von Magen-Darm-Erkrankungen mit Durchfall. Deshalb hier besonders sorgsam vorgehen.

GOLDRICHTIGE PFLEGE

Wichtige Eiweißnahrung

Auch in der Natur sind Goldhamster keine reinen Vegetarier. Obwohl es in den meisten fertigen Futtermischungen schon enthalten ist, brauchen Goldhamster ab und zu etwas zusätzliches tierisches Eiweiß. Zwei bis drei Mal pro Woche sollten Sie z. B. ungesüßten Quark, Frischkäse, Rinderhack oder Hundefutter anbieten. Legen Sie eine kleine Portion – so viel, wie der Hamster gleich zu sich nimmt – in ein kleines Gefäß. Nach dem Fressen entfernen Sie das Behältnis sofort wieder aus dem Käfig. Diese kleine Portion eignet sich auch prima dafür, auf einem Holzstäbchen oder Ihrem Finger angeboten zu werden. Das fördert natürlich auch die Beziehung zwischen Mensch und Hamster.

Lebendfutter Von einer ganz anderen Seite können Sie Ihren Pflegling erleben, wenn Sie ihm lebendes Futter anbieten. Am besten eignen sich die Larven des Mehlkäfers, die als »Mehlwürmer« in Zoofachgeschäften angeboten werden. Sie werden nach Gewicht verkauft. Lassen Sie sich zu Beginn 50 Gramm davon abwiegen. Zu Hause geben Sie die Mehlwürmer in eine Plastikschale mit durchlöchertem Deckel. Mit Haferflocken und hartem Brot als Futter lassen sich die Larven wochenlang halten. Die Würmer entnehmen Sie dann mit einer Pinzette oder auch mit den Fingern und verfüttern sie direkt. Mehr als drei bis vier Mehlwürmer pro Woche sollten Sie Ihrem Goldhamster allerdings nicht gönnen, da die Würmer sehr fetthaltig sind. Weiterhin kommen die größeren Larven von Zoophobas-Käfern oder lebende Grillen in Frage, die Sie auch im Zoofachhandel erwerben können.

Verwöhnen mit Snacks?

Sicher haben Sie Ihren Hamster lieb gewonnen und wollen ihn so richtig verwöhnen. Wie wäre es mit etwas Süßem, einem Stück Schokolade oder einem der bunten Snacks, die im Handel angeboten werden? Nein, bitte nicht! Halten Sie sich zurück, auch wenn es Ihnen schwerfällt! Die vermeintliche Belohnung verkürzt sein Leben. Fangen Sie damit erst gar nicht bei den Jungtieren an. Der Goldhamster kann Diabetes oder andere Stoffwechselstörungen bekommen. Er freut sich auch über natürliche Leckerbissen, wie kleine Apfelstücke, eine Erdnuss oder ab und zu eine Rosine.

Goldhamster fressen nicht nur Pflanzliches. Auch Mehlwürmer werden gern genommen. Bitte aber nicht zu oft füttern, da die Tiere sonst verfetten.

Gesundheit aus dem Futternapf

Das schmeckt Ihrem Goldhamster

Obwohl der Goldhamster einen ziemlich robusten Magen hat, können Sie ihm mit bestimmtem Futter schaden, während er anderes sehr gut verträgt. Im Folgenden sind die wichtigsten Futterregeln zusammengefasst.

Tut gut

- Füttern Sie vor allem pflanzliches Trockenfutter wie Erbsenflocken, Weizenkörner, Haferflocken, Linsen und Mais, trockenes Brot, Knäckebrot. Dazu frisches Heu und getrocknete Kräuter.

- Täglich frisch: Gurke, Möhre, Zucchini, Sojasprossen, rote Bete sowie Obst decken den Vitaminbedarf.

- Löwenzahnblätter, Gänseblümchen, Hirtentäschel, Katzengras und Wegerich liefern reichlich Mineralstoffe. Zweige von Obstbäumen zum Nagen sind gut für starke Zähne.

- Quark, Naturjoghurt, Hühnereiweiß sowie ab und an ein Mehlwurm sorgen für genügend tierisches Eiweiß.

Besser nicht

- Keine Süßigkeiten wie Schokolade, Gummibärchen oder »Nagerdrops« füttern – sie sind Krankmacher. Auf süßes oder gewürztes Gebäck, gesalzene Nüsse, Eicheln und Kastanien verzichten.

- Sehr fett- oder kalorienhaltige Nahrung, wie z. B. Eigelb, Nüsse, Kürbis- und Sonnenblumenkerne, Käse, Avocado, Insektenlarven, gekochte oder rohe Nudeln, »Hamsterwaffeln«, Hundekuchen, Hunde- oder Katzenfutter nur sparsam füttern.

- Kohl, Möhren- und Tomatenblätter, Kartoffeln, Spinat und Lauch vermeiden.

- Stark fruchtsäurehaltige Obstsorten wie Pfirsich, Aprikose, Nektarine, Ananas und alle Zitrusfrüchte nicht füttern.

GOLDRICHTIGE PFLEGE

Goldhamsterpflege ganz einfach

Goldhamster sind von Haus aus sehr reinliche Tiere, die ihre Körperpflege mit wahrer Leidenschaft betreiben. Als Halter müssen Sie nur relativ wenig dazu beitragen, dass Ihr kleiner Freund immer »wie aus dem Ei gepellt« aussieht.

»Katzenwäsche« beim Goldhamster

Goldhamster in der freien Natur sind nur selten schmutzig oder von Parasiten befallen. Sie halten nicht nur ihren Bau penibel sauber, sie putzen auch sich selbst oft und ausgiebig. Das können Sie bei Ihrem Pflegling besonders nach seiner Ruhezeit beobachten. Nach dem Aufwachen streckt er zuerst seinen Körper und gähnt genüsslich. Dann beginnt er meist sofort mit der Fellpflege. Die Tiere benutzen dazu sowohl die Vorder- als auch die Hinterbeine. Die Vorderbeine werden einzeln oder gleichzeitig eingesetzt. Das Fell wird überall da, wo er mit dem Mund hinkommt »durchgeknabbert«, abgeleckt oder eingespeichelt. Jungtiere, die das noch nicht selbst können, werden von der Mutter gründlich sauber geleckt.

Der Hamster putzt sich nicht nur nach dem Aufwachen, sondern auch nach dem Entleeren seiner Backentaschen und immer nach dem Fressen.

So putzt sich Ihr Hamster

Die Reihenfolge dieses Selbst-Putzens ist beim Goldhamster nicht zufällig, sondern genetisch festgelegt. Das können Sie in einem kleinen Beobachtungs-Experiment selbst nachprüfen. Die fünf häufigsten Putzhandlungen sind: (1) Lecken, (2) Knabbern, (3) gleichzeitiges Putzen mit beiden Vorderbeinen, (4) Putzen mit einem Vorderbein und (5) Kratzen mit den Hinterpfoten. Beobachten Sie Ihren Goldhamster beim Putzen und notieren Sie hintereinander die entsprechende Reihenfolge mit Zahlen. In einem zweiten Schritt ermitteln Sie nun, welche Putzhandlung wie oft auftritt, und damit wissen Sie genau, wie sich Ihr kleiner Freund am liebsten putzt. Anhand einer Tabelle können Sie noch herausfinden, wie oft eine Handlung auf eine andere folgt. Wie häufig folgt also 1 auf 2, 1 auf 3, 1 auf 4 usw. Sie werden feststellen, dass sich diese Zahlen deutlich unterscheiden und der Hamster manche Putzfolgen bevorzugt. Wissenschaftler haben herausgefunden, dass bei gesunden, verhaltensunauffälligen Hamstern die Putzhandlungen 3 und 4 am häufigsten auftreten und die Tiere sich meistens auch in dieser Reihenfolge putzen. Verhaltensforscher nennen eine solche Untersuchung »Sequenzdiagramm« und können bei korrekter Aufzeichnung daran sogar Verhaltensstörungen eines Hamsters erkennen.

Hamster **regelmäßig wiegen**

WIEGETAG EINMAL PRO WOCHE Wichtige Hinweise auf Wohlbefinden und Gesundheit Ihres Pfleglings erhalten Sie durch regelmäßiges Wiegen. Dazu eignet sich am Besten eine Küchenwaage mit digitaler Anzeige. Setzen Sie den Goldhamster zum Wiegen in ein hochwandiges Gefäß, dessen Eigengewicht Sie vom Ergebnis abziehen. Notieren Sie das Gewicht in einem Kalender.

TOP GEPFLEGT Goldhamster lieben es, sich zu putzen. Deshalb haben es Fell- bzw. Hautparasiten bei ihnen schwer. Die Tiere gehen bei ihrer Körperpflege nach einem angeborenen Programm vor. Dabei kommen alle Pfoten und die Zähne zum Einsatz. Am häufigsten nutzen sie allerdings ihre Vorderpfoten – entweder beide gleichzeitig oder nur eine alleine. Manchmal kann man nicht unterscheiden, ob sie ihre Schnauzenregion säubern oder sich die Pfoten ablecken.

GESCHICKT Einfach niedlich sieht es aus, wenn sich unser Hamster mit einer Hinterpfote hinter den Ohren kratzt. Ihre Hinterbeine benutzen Goldhamster viel seltener zum Putzen als die Vorderpfoten. Kein Wunder: Mit den hinteren Gliedmaßen ist ihr Aktionsradius eher beschränkt. Bestimmte Stellen hinter dem Kopf und an den Flanken werden aber meistens erreicht. So bleibt kaum eine Stelle ungesäubert.

PUTZEN OHNE GRENZEN Mit den Zähnen knabbern Hamster ihr Fell durch und halten so auch ihre empfindlichen Regionen wie den After oder die Geschlechtsorgane sauber.

GOLDRICHTIGE PFLEGE

Wellness für Goldhamster

Bei der Goldhamsterpflege ist vor allem eine aufmerksame Beobachtung Ihres Lieblings wichtig, damit Sie Veränderungen z. B. im Fell, die eventuell auf eine Krankheit hinweisen können, schon früh feststellen. Lediglich die Teddyhamsterbesitzer haben ein wenig mehr Aufwand.

Fellpflege Da der Goldhamster sich selbst so ausdauernd pflegt, muss der Mensch bei der Fellpflege seines kleinen Freundes nur selten eingreifen. Wenn Sie Ihren Hamster regelmäßig beobachten und auf Verschmutzungen oder Veränderungen seines Fells achten, haben Sie das meiste schon getan. Nasses Fell, besonders im Afterbereich, ist ein Krankheitsanzeichen (→ Seiten 44 und 46) und sollte besonders beachtet werden.

Extrapflege bei Langhaarigen Teddyhamster brauchen eine Sonderbehandlung, da bei ihnen im genetischen Verhaltensprogramm die Fellpflege nicht ausreichend vorgesehen ist. Das hat zur Folge, dass sie ihr schönes Fell selbst nicht so pflegen, wie es eigentlich nötig wäre. Und dann verfilzen die langen Haare, besonders im Afterbereich, oder es bleiben Nahrungsreste darin hängen. Mit Kamm oder Bürste können Sie die Rückstände meistens nicht entfernen. Auch die Begeisterung Ihres Teddyhamsters wird sich bei solchen Aktivitäten sehr in Grenzen halten. Deshalb müssen Sie selbst zur Tat schreiten. Mit einer kleinen, gebogenen Schere haben Sie als Goldhamsterfriseur die besten Erfolge. Gehen Sie ruhig großzügig vor, die Haare wachsen in kurzer Zeit wieder nach. Gewöhnen Sie Ihren Teddyhamster schon von Klein auf daran, dass Sie ihm die Haare im Afterbereich schneiden. Sie beugen so Infektionen in dieser Region vor.

Krallenpflege Die Krallen des Goldhamsters sollten sich von selbst abnutzen. Sie müssen – anders als etwa bei Meerschweinchen – in der Regel nicht

1 FIXIEREN So halten Sie den Hamster richtig mit einer Hand, um beispielsweise sein Fell zu schneiden. Drücken Sie aber nicht zu fest zu.

2 KÄMMEN Langhaarige Rassen brauchen spezielle Fellpflege! Den Hamster, der schon an Sie gewöhnt sein sollte, festhalten und vorsichtig das Fell mit dem Strich ausbürsten.

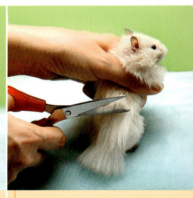

3 HAARE SCHNEIDEN Bei stark verklebtem Fell ist sorgfältiges Abschneiden besser als qualvolles Ausbürsten. Das Fell wächst schnell wieder nach.

geschnitten werden. Der Hamster hat ein angeborenes Scharrbedürfnis, auch so nutzen sich die Krallen ab. Wichtig ist, dass Sie immer Zweige, Beschäftigungsmaterialien aus Holz, Ton oder auch Ytong (→ Seite 52/53) in den Käfig legen. Daran kann der Goldhamster seine Krallen abwetzen. Interessiert sich Ihr Goldhamster für das Sandbad (→ Tipp rechts), hilft auch das bei der Krallenpflege. Kontrollieren Sie dennoch alle vier Wochen die Länge der Krallen Ihres Pfleglings. Haben Sie das Gefühl, dass sie zu lang sind, kürzen Sie sie bitte nicht selbst. Die Verletzungs- und Infektionsgefahr ist zu groß. Außerdem muss das Tier dazu fixiert werden, was großen Stress bedeutet. Suchen Sie einen Tierarzt auf. Er gibt Ihnen weitere Tipps zur Krallenpflege und beschneidet die Krallen auch fachgerecht.

Zahnpflege Keine Angst: Zähneputzen ist beim Goldhamster nicht nötig. Wenn Sie die Einrichtung des Käfigs mit Zweigen und kleinen Holzstückchen ergänzen, kann Ihr Hamster dann seine ständig nachwachsenden Nagezähne abnutzen.

Pro und contra Mineralsteine Unter Hamsterfreunden wird immer wieder darüber diskutiert, ob es nötig oder sinnvoll ist, einen Mineralstein im Käfig aufzuhängen oder das Trinkwasser mit Mineralien und Vitaminen anzureichern. Mineralsteine bzw. Zusätze für das Trinkwasser bietet der Fachhandel an. Beides halte ich für unnötig. Bei abwechslungsreicher Fütterung erhält der Goldhamster ausreichend Mineralien und Vitamine.

Zahnanomalien Veränderungen der Zahnstellung kommen beim Goldhamster selten vor. Achten Sie bereits beim Erwerb des Hamsters auf eine normale Stellung der Zähne. Anomalien können nicht wieder korrigiert werden. Sollten Sie später Fehlstellungen feststellen, befragen Sie am besten Ihren Tierarzt. Vielleicht weiß er einen Rat.

Der wasserscheue Goldhamster

TIPPS VOM
HAMSTER-EXPERTEN
Peter Fritzsche

HAMSTER BADEN? Kommen Sie bitte nicht auf die Idee, Ihren Goldhamster zu baden. Davon rate ich Ihnen dringend ab. Es ist zwar in warmem Wasser grundsätzlich möglich – wie die meisten Säugetiere kann der Goldhamster auch gut schwimmen –, aber ein Bad bedeutet großen Stress für das Tier. Hamster sind von Natur aus auf das Wasserleben überhaupt nicht eingerichtet. Ihr Fell trocknet nur langsam, eine Erkältung ist dann wahrscheinlich. Auch der Einsatz von Föhn oder Wärmelampe sind keine Lösung, da es nicht so einfach ist, die richtige Temperatur zu finden, und der Hamster leicht überhitzt werden kann.

ALTERNATIVE SANDBAD? Manchmal wird ein Sandbad für den Goldhamster empfohlen. Schaden kann es zwar nicht, aber anders als etwa Zwerghamster oder Chinchillas sucht der Goldhamster das Sandbad selten auf. Testen Sie es: Stellen Sie eine flache Schale mit Chinchilla-Sand (Zoofachgeschäft) in den Käfig. Kommt der Hamster nur zufällig damit in Kontakt, können Sie die Schale ruhig wieder herausräumen.

Käfigpflege nach Hamsterart

Beim Reinigen des Käfigs besteht die Gefahr, dass der Hamster durch ein Zuviel an Pflege und Reinlichkeit unnötig gestresst wird. Er kann nämlich seinen Individualgeruch von anderen Gerüchen unterscheiden, und er prägt sich genau die Art und Anordnung der Einrichtungsgegenstände im Käfig ein. Eine Veränderung durch neue Einstreu, andere Stellung oder anderen Geruch der Gegenstände beunruhigt ihn sehr. Bei neuer Einstreu steigt beispielsweise die Herzfrequenz der Tiere deutlich an, wie wir in unserem Institut festgestellt haben.

Zeitplan für die Käfigpflege

Verglichen mit anderen Heimtieren ist die Pflege des Goldhamsterkäfigs unproblematisch, wenn Sie einige wenige Regeln beachten.
Tägliche Futterkontrolle Füllen Sie den leeren Futternapf des Hamsters mit Körnerfutter nach. Werfen Sie einen Blick in das Schlafhäuschen. Gehamstertes Körnerfutter können Sie dort lassen, Frischfutterreste müssen Sie entfernen. Kontrollieren Sie den Wasserstand in der Trinkflasche. Verrücken Sie bei Ihrer Kontrolle nichts im Käfig.

Käfigpflege nach Hamsterart

In einem geräumigen Käfig mit Etagen und vielen Beschäftigungsmöglichkeiten fühlt sich der Goldhamster wohl. Putzdienst einmal im Monat reicht völlig.

Alle drei Tage Urinecke säubern Der Hamster legt in der Regel in seinem Käfig eine Toilettenecke an. Nehmen Sie die Einstreu aus dieser Ecke heraus und ersetzen Sie sie durch frische Späne.

Wöchentlich große Futterkontrolle Entfernen Sie alles Futter aus dem Napf und reinigen Sie ihn gründlich mit heißem Wasser oder in der Geschirrspülmaschine. Leeren Sie die Trinkflasche, waschen Sie sie gründlich mit heißem Wasser, aber ohne Spülmittel, aus (Flaschenbürste benutzen) und füllen Sie sie wieder mit Leitungswasser.

Alle vier Wochen Käfigreinigung Dazu muss Ihr Liebling wohl oder übel aus dem Käfig verbannt werden. Haben Sie keine Kleintier-Transportbox, tut es eine andere Box mit mindestens 30 cm hohen Wänden auch. Zur Not können Sie den Goldhamster mit etwas alter Einstreu auch in einem Eimer warten lassen. Füllen Sie die »Wartestation« mit alter Einstreu aus dem Käfig und geben Sie eine Pappschachtel zum Verkriechen mit hinein. Räumen Sie den Käfig ganz leer. Die Holzgegenstände bürsten Sie trocken ab. Gegenstände aus Kunststoff oder Ton reinigen Sie mit heißem Wasser und einer Bürste. Entfernen Sie alle Einstreu samt gehamstertem Futter, aber heben Sie etwas von der alten Einstreu auf. Die Bodenwanne reinigen Sie mit heißem Wasser und Bürste. Ist die Wanne stark verschmutzt, können Sie etwas neutrales Spülmittel benutzen.

Ein Einsatz von speziellen Desinfektionsmitteln ist nicht notwendig. Bei hartnäckigen Rückständen, besonders in der Toilettenecke, weichen Sie die Stellen mit Essig ein. Essigwasser können Sie auch zum Reinigen des Gitteraufsatzes verwenden. Vor dem Einräumen lassen Sie alles gut trocknen. Zuerst füllen Sie eine Schicht neuen Bodengrund ein und verteilen anschließend darüber etwas Einstreu aus dem alten Käfig. Alle Gegenstände kommen wieder an ihren ursprünglichen Platz. Zuletzt geben Sie frisches Futter in den Käfig. Nachdem Sie den Hausherrn wieder eingesetzt haben, braucht er einen Tag Ruhe, um sich wieder zu orientieren. Ganz aufgeregt wird er dann auch seine persönlichen Markierungen anbringen.

In der Transportbox lässt sich der Hamster während der Grundreinigung des Käfigs bequem »zwischenparken«.

GOLDRICHTIGE PFLEGE

Wenn der Goldhamster krank wird

Goldhamster sind nicht besonders krankheitsanfällig und haben ein relativ robustes Immunsystem. In der freien Natur müssen sie mit teilweise extremen Klimabedingungen zurechtkommen. Wenn wir also eine möglichst artgerechte Haltung anstreben, sind Krankheiten bei unserem Pflegling die Ausnahme. Andererseits ist eine Behandlung ernsthaft erkrankter Goldhamster eher schwierig. Auf jeden Fall ist Eile geboten. Warten Sie nicht zu lange mit dem Gang zum Tierarzt. Bei schweren Erkrankungen bleibt ihm leider oft keine andere Wahl, als den Hamster einzuschläfern, um ihm unnötiges Leiden zu ersparen. Erkundigen Sie sich vorab, welcher Tierarzt in Ihrer Nähe sich mit der Behandlung von Kleintieren auskennt. Die in manchen Ratgebern empfohlenen Naturheilmethoden (z. B. Bachblüten-Therapie) können eine fachgerechte Therapie beim Tierarzt allenfalls begleiten, aber nicht ersetzen! Gehen Sie gut vorbereitet zum Arzttermin.

Folgende Fragen könnten Sie beim Tierarzt gestellt bekommen:
› Seit wann besitzen Sie das Tier? Wissen Sie, wie alt es ungefähr ist?
› Wie groß ist der Hamsterkäfig?
› Hat sich das Gewicht des Tieres verändert?
› Welche Veränderungen (→ Checkliste rechts) haben Sie an ihm beobachtet?
› Was füttern Sie normalerweise?
› Frisst der Goldhamster normal, wenig, oder verweigert er das Futter komplett?
› Was haben Sie vor der Krankheit gefüttert?
› Hatte der Hamster Kontakt mit anderen Tieren?
› War der Hamster schon einmal krank?
› Was haben Sie selbst bereits unternommen?

Erkrankungen des Hamsters

Folgende Krankheiten treten bei Goldhamstern meiner Erfahrung nach am häufigsten auf:

Milben- oder Pilzbefall Fällt Ihnen auf, dass sich der Hamster oft kratzt und unruhig im Käfig umherläuft? Auch ein struppiges Fell oder gar Haarausfall an bestimmten Stellen bis hin zu geröteter und schorfiger Haut kann als Ursache einen Befall von Haar- oder Räudemilben haben. Die genaue Diagnose kann nur eine mikroskopische Betrachtung der Parasiten liefern. Sie können die kleinen Spinnentiere sichtbar machen, indem sie den Hamster über einen Bogen weißes Papier halten und ihm mit den Fingern oder besser einem Kamm das Fell

Eine nasse Afterregion deutet meist auf Durchfall hin. Suchen Sie umgehend den Tierarzt auf!

ausreichen. Milbenbefall deutet meist auf eine verminderte Immunabwehr des Tieres hin. Sie sollten also die Belastung des Tieres (zu kleiner Käfig, verschmutztes Futter, generell schlechte Ernährung, Stress) überprüfen. Auch übertriebene Sauberkeit kann dazu führen, dass der Hamster keine Abwehrkräfte aufbaut. Hantieren Sie nicht selbst mit Lösungen oder Sprays, sondern gehen Sie zum Tierarzt. Bei Pilzbefall waschen und desinfizieren Sie sich nach dem Anfassen des Tieres oder dem Hantieren im Käfig sofort die Hände.

Durchfall Ist der Kot des Hamsters breiig oder gar wässrig und die Afterregion verschmutzt, deutet das auf Durchfall hin. Der Hamster ist nicht mehr so aktiv wie vorher und frisst auch weniger. Meist liegt eine bakterielle Infektion, z.B. durch Salmonellen, vor. Auch Vergiftungen nach dem Fressen giftiger Zimmerpflanzen können zu Durchfall führen. Haben Sie kürzlich das Futter umgestellt oder besonders viel Frischfutter gegeben? Hat der Hamster beim Freilauf irgendetwas vom Boden gefressen? Als erste Maßnahme streichen Sie ihm das Frischfutter und reinigen Sie seine Afterregion, um Entzündungen vorzubeugen. Gehen Sie unbedingt innerhalb der nächsten 24 Stunden zum Tierarzt.

Erkältungskrankheiten Der Hamster niest, seine Nase läuft, beim Atmen hören Sie ein pfeifendes Geräusch. Ursachen sind auch hier meist Fehler in der Haltung. War das Tier Zugluft oder starken Temperaturschwankungen ausgesetzt? Sie können die Heilung beschleunigen, indem Sie einen Teil des Käfigs mit einer Wärmelampe bestrahlen. Halten Sie genügend Abstand zum Käfig ein, damit auch unmittelbar unter der Lampe die Temperatur nicht über 30 °C steigt. Der Hamster muss die Möglichkeit haben, der Wärme auszuweichen. Der Tierarzt wird ihm vielleicht noch Antibiotika verschreiben.

Symptome **schwerer Erkrankungen**

GEHEN SIE ZUM TIERARZT!

VERHALTEN	apathisch, sitzt in der Ecke, selbst abends nicht mehr aktiv; besonders aggressiv und leichter reizbar als gewohnt; frisst nicht oder nur sehr wenig; zittert bzw. ist ungewöhnlich schreckhaft; verändertes Laufen; kratzt sich ständig.
AUSSEHEN	nasse Analregion, aufgedunsener, harter und praller Bauch; Gewichtsverlust von mehr als 7 Gramm in der Woche bzw. deutliche Zeichen von Abmagerung; Durchfall; Schwellungen am Körper; unnatürlich gekrümmte Haltung; Krallen sind zu lang.
FELL UND HAUT	gesträubtes, ungepflegtes Fell; starker Haarausfall; schorfige Haut.
AUGEN	ausgetrocknete, gerötete, tränende oder hervorstehende Augen; verklebte bzw. halb geschlossene Augenlider.
NASE	Nasenausfluss; auffällige Atemgeräusche und/oder Niesen.
MUND	starkes Speicheln; schorfige Lippen; die Backentaschen lassen sich nicht völlig leeren; unnormale Zahnlänge oder Zahnstellung.

GOLDRICHTIGE PFLEGE

Nassschwanzkrankheit Diese Darmkrankheit macht sich besonders bei jungen Goldhamstern durch nasse Stellen im Schwanzbereich und Durchfall bemerkbar. Als Auslöser vermutet man unter anderem Kolibakterien. Die Krankheit wird durch eine zu hohe Stressbelastung der Tiere hervorgerufen. Die Behandlung ist die geiche wie bei Durchfall: Füttern Sie kein Frischfutter mehr, und gehen Sie umgehend zum Tierarzt!

Verstopfung der Backentaschen Versucht Ihr Goldhamster immer wieder erfolglos, die Backentaschen auszustreichen und verweigert er die Nahrung, kann das an einer Verstopfung der Backentaschen liegen. Er hat vielleicht klebrige Substanzen wie z. B. Gummibärchen aufgenommen. Wird hier nicht behandelt, kommt es zu Entzündungen und möglicherweise zu Abszessen den Backentaschen.

Tumore Stellen Sie beim Abtasten des Hamsters eine harte Stelle oder eine Beule fest, kann die Ursache eine Gewebswucherung sein. Sie tritt besonders bei älteren Tieren spontan auf. Fragen Sie Ihren Tierarzt, ob der Tumor operativ entfernt werden kann bzw. muss. Ist der Hamster älter als 18 Monate und der Tumor schon größer, ist es meistens besser, das Tier von seinem Leiden zu erlösen.

Lippengrind Mundwinkel, Lippen und auch die Nase des Hamsters sind gerötet oder verschorft. Durch falsche oder einseitige Ernährung haben sich kleine Risse in der Haut gebildet, in denen sich Bakterien oder Pilze angesiedelt haben. Der Tierarzt wird Ihrem Hamster eine Salbe verordnen.

Knochenbrüche Den Umfang der Verletzung kann nur eine Röntgenaufnahme beim Tierarzt klären. Brüche der Gliedmaßen oder Verletzungen der Wirbelsäule können leider nur in den seltensten Fällen behandelt werden, es ist meist besser, das Tier zu erlösen. Lediglich kleinere Brüche (z. B. der Zehen) können wieder ausheilen.

Hitzeschock Ist der Hamster längere Zeit hohen Temperaturen oder gar der prallen Sonne ausgesetzt, bricht sein Stoffwechsel zusammen. Er liegt apathisch am Boden, seine Atmung ist stark beschleunigt. Bringen Sie das Tier rasch an einen kühleren Ort, benetzen Sie die Mundregion mit Wasser.

Augenerkrankung Wenn der Hamster unnatürlich viel Tränenflüssigkeit absondert, die Augen hervorstehen oder entzündet sind, kann das auf eine Infektion durch Bakterien oder Viren hindeuten. Ursache ist häufig eine geringfügige Verletzung der Augen, hervorgerufen z. B. durch falsche Einstreu oder harte Halme im Heu. Hier kann nur der Tierarzt helfen. Wahrscheinlich schlägt er eine Behandlung mit Augensalbe vor und erklärt Ihnen die Anwendung. Bei schwereren Fällen kann auch eine Operation notwendig werden. Bitte beugen Sie einer solchen Erkrankung mit geeigneter Einstreu vor.

Eine Wärmelampe kann oft den Heilungsprozesss fördern. Bitte kontrollieren Sie regelmäßig die Temperatur, um Überhitzung vorzubeugen!

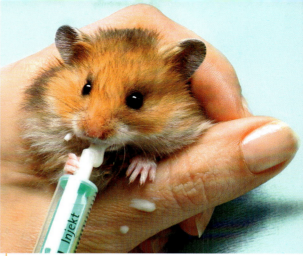

Bei Milbenbefall hilft ein Puder vom Tierarzt. Achten Sie darauf, dass nichts davon in die Augen oder an Mund und Nase des Hamsters kommt.

Mit einer Plastikspritze (natürlich ohne Kanüle) können Sie Ihrem Goldhamster relativ leicht Medikamente oder Aufbaumittel für seine Darmflora verabreichen.

Bisswunden Werden Goldhamster entgegen den Empfehlungen nicht einzeln gehalten oder sind die Weibchen bei Zuchtversuchen nicht paarungsbereit, kann es – meist im After- oder Genitalbereich und an den Flanken – zu Bisswunden kommen. Trennen Sie die Tiere sofort. Kleinere Verletzungen heilen von selbst. Größere, blutende Wunden sollten Sie dem Tierarzt zeigen.

Diabetes Die »Zuckerkrankheit« kann auch Hamster befallen. Die Ursache liegt eindeutig in falscher, zu zuckerhaltiger oder zu fetter Ernährung. Die Krankheit ist nicht leicht zu erkennen. Ist Ihr Hamster schon älter, hat er ein erhöhtes Körpergewicht oder setzt er viel Urin ab, kann das auf Diabetes hinweisen. Die endgültige Diagnose trifft der Tierarzt.

Pflegemaßnahmen Der kranke Hamster braucht vor allem viel Ruhe und konstante Wärme. Die Wärmelampe sollte immer nur einen Teil des Käfigs bestrahlen. Mit einem Wattestäbchen oder angefeuchtetem Zellstoff entfernen Sie Verschmutzungen im Kopf- oder Afterbereich. Medikamente können Sie auch mit einem benetzten oder bestäubten Mehlwurm verabreichen. Lassen Sie sich unbedingt von einem Tierarzt beraten. Leider sterben immer wieder Tiere durch eine falsche Behandlung.

> Vorsicht **Ansteckungsgefahr**
>
> **VOM TIER ÜBERTRAGBARE KRANKHEITEN**
> Zum Glück ist die Gefahr beim Goldhamster nicht sehr groß. Neben harmlosen Pilzinfektionen wird nur von einer sehr seltenen Erkrankung des zentralen Nervensystems, der Lymphozytären Choriomeningitis (LCM) berichtet. Meist sind junge Hamster betroffen, die z.B. in Tierzuchten mit infizierten Mäusen Kontakt hatten. Obwohl eine Infektion in den letzten Jahren nur vereinzelt bei Menschen, die beruflich mit mehreren Nagern zu tun hatten, aufgetreten ist, sollten Schwangere vorsichtshalber den Kontakt zu Hamstern meiden.

Auffälliges Verhalten beim Goldhamster

Goldhamster, die nicht artgerecht gehalten werden oder denen die entsprechende Abwechslung im Käfig fehlt, neigen zu einem veränderten, auffälligen Verhalten. Hier können Sie im Vorfeld viel dazu beitragen, dass es Ihrem Goldhamster gut geht.

Verhaltensstereotypien

Wenn Tiere über längere Zeit ohne erkennbares Ziel immer wieder die gleichen Bewegungen machen, sprechen wir von Stereotypien. Diese Verhaltensweisen sind Reaktionen auf eine reizarme Umwelt. So gibt es beispielsweise Goldhamster, die ununterbrochen am Gitter nagen, ohne sich davon abbringen zu lassen. Andere laufen immer die gleiche Strecke meist an einer Wand des Käfigs entlang. Wieder andere versuchen dauernd, in einer Ecke ihres Glasterrariums/Aquariums hochzuspringen. Ursache solcher Verhaltensstereotypien sind ungenügende, meist zu eintönige Haltungsbedingungen. Durch Anreicherung des Käfigs und Beschäftigung des Hamsters (→ Seite 50–59) können Sie solchen Verhaltensstörungen sehr gut vorbeugen. Hat sich der Goldhamster ein auffälliges Verhalten erst einmal angewöhnt, lässt es sich nur sehr schwer oder überhaupt nicht mehr abtrainieren. Ein neuer, größerer Käfig, vermehrte Beschäftigung des Tieres und Freilauf sind Möglichkeiten, den Goldhamster auf andere Gedanken zu bringen. So wird zum Beispiel das Gitternagen durch Anbringen eines Laufrads im Käfig deutlich reduziert.

Der Goldhamster ist sehr scheu Ist Ihr Goldhamster noch jung, besteht kein Grund zur Besorgnis. Gönnen Sie ihm einfach noch etwas Eingewöhnungszeit und versuchen Sie nie, ihn zu etwas zu zwingen. Nur durch ruhige und vorsichtige Annäherung können Sie sein Vertrauen gewinnen.

Tritt dieses Verhalten jedoch einigermaßen plötzlich auf, nachdem der Pflegling sich vorher normal verhalten hat, kann eine Erkrankung die Ursache sein. Beobachten Sie das Aussehen des Hamsters und kontrollieren Sie sein Körpergewicht. Suchen Sie eventuell Ihren Tierarzt auf. Liegen keine Anzeichen für eine Erkrankung vor, bleibt nur noch die Möglichkeit, dass das Tier durch irgendeinen äußeren Umstand gestresst wurde. Haben Sie oder andere ihn während der Schlafenszeit am Tage nachhaltig gestört? Wird er vielleicht nicht mit der nötigen Ruhe behandelt? Besonders jüngere Kinder sind oft ungeduldig und verlangen dem neuen Hausgenossen zu viel ab. Sprechen Sie mit Ihren Kindern darüber und erklären Sie ihnen, dass der Hamster vorsichtig an den Pfleger gewöhnt werden muss und vor allem während seiner Ruhezeit nicht geweckt werden darf.

Mein Goldhamster beißt Obwohl Goldhamster eigentlich eher selten zuschnappen, kann es sein, dass Sie oder Ihr Kind vom Hamster gebissen werden. Solche Verletzungen heilen schnell wieder ab, und eine besondere Behandlung ist in der Regel nicht nötig. Die Tiere beißen manchmal, wenn sie ungeschickt angefasst oder in ihrer Ruhe gestört werden. Auch wenn der Finger durch das Käfiggitter gesteckt wird, prüfen sie gern mal die Bissfestigkeit des neuen Futterangebots. Wird der Goldhamster aber gar nicht zutraulich und versucht immer wieder zu beißen, liegt es wahrscheinlich, wie schon beschrieben, daran, dass bei seiner Eingewöhnung zu wenig Geduld aufgebracht wurde.

VORSICHT, BISSIG »Mein Goldhamster wird nicht zahm, und wenn ich ihn anfassen will, beißt er. Was kann ich nur machen?« Gerade junge Hamsterfreunde haben dieses Problem. Dagegen gibt es leider kein Sofort-Heilmittel. Junge Goldhamster sind manchmal sehr ängstlich und schwer einzugewöhnen. Da helfen nur Geduld und vorsichtiges Herangehen. Auf keinen Fall den Hamster gleich in die Hand nehmen. Achten Sie auch besonders darauf, dass er am Tag ungestört ruhen kann.

AUFFÄLLIG Goldhamster, die in Glas- oder Plastikbehältern (z. B. Aquarien) gehalten werden, zeigen manchmal ein seltsames Verhalten. Sie laufen immer wieder an den Wänden entlang und versuchen daran hochzuspringen. Solche Stereotypien können manchmal mit gutem Zubehör, z. B. einem Laufrad, abtrainiert werden. Ratsam ist es, dem Tier einen Drahtkäfig als neues Zuhause zu besorgen, auch wegen der besseren Belüftung.

SCHEUER HAMSTER Während die einen Goldhamster besonders angriffslustig sind, verstecken sich die anderen lieber. Für diese scheuen Artgenossen gilt: Versuchen Sie mit viel Geduld, ihr Vertrauen zu gewinnen und zu erhalten.

Immer in Bewegung

In der freien Natur ist der Goldhamster ständig gefordert, sich neuen Herausforderungen zu stellen. Zu seiner artgerechten Haltung als Heimtier gehört deshalb auch eine ausreichende und sinnvolle Beschäftigung. Das tut Ihrem kleinen Freund gut, und Sie haben eine Menge Spaß beim Beobachten seiner Aktivitäten.

Der fitte Goldhamster

Die Suche nach Futter und nach einem Paarungspartner sowie der Schutz vor Feinden sind die wichtigsten Aufgaben wild lebender Goldhamster. Je nachdem, wo sich ihr Bau befindet, überwinden sie dabei die unterschiedlichsten Hindernisse.

Erkenntnisse aus der Forschung

Erst in jüngster Zeit haben wir Zoologen begonnen, das natürliche Verhalten frei lebender Goldhamster zu erforschen. Bei diesen Untersuchungen half uns die moderne Technik. Die Goldhamster wurden bei einer unserer Expeditionen mit kleinen Radiosendern versehen. Diese gaben regelmäßige Signale ab, die wir mit einer Antenne und einem Funkgerät empfangen konnten. Die Goldhamster verrieten uns so ihren Aufenthaltsort. Bei einer anderen Methode implantierten wir einigen Goldhamstern winzige, reiskorngroße Chips. So konnten wir die kleinen Nager jeweils immer beim Verlassen oder Betreten ihres Baus registrieren. Sie mussten dabei nämlich an von uns installierten Antennen und Lichtschranken vorbei oder wurden mit Minikameras beobachtet. So konnten wir feststellen, dass Goldhamster außerordentlich bewegungsfreudig sind. Besonders die Männchen auf Weibchensuche legen bei Nacht ziemlich große Strecken zurück.

Der Hamster im Käfig

Dank der wissenschaftlichen Forschung wissen wir, dass Goldhamster sehr viel Bewegung und Abwechslung brauchen, um auch als Käfigtiere gesund und artgerecht leben zu können. Ein reich strukturierter, ausreichend großer Käfig sowie ein häufiger, kontrollierter Freilauf in der Wohnung bringen die nötige Vielfalt in den Hamsteralltag und helfen Stereotypien (→ Seite 48) zu vermeiden.

Hamster, bleib mobil!

Fordern Sie Ihren Hamster, indem Sie ihm einen Käfig mit vielfältigen Beschäftigungsmöglichkeiten bieten. Im Zoohandel gibt es eine ganze Reihe von Zubehör für den Goldhamsterkäfig zu kaufen.

Das mag der Goldhamster

Goldhamster brauchen in Ihrem Käfigalltag viele Anregungen, sonst werden sie verhaltensauffällig und auch schneller krank, weil sie sich zu wenig bewegen und nicht ausreichend zu tun haben.

Spielen Hamster? Manchmal wird in Zusammenhang mit Beschäftigungsutensilien von »Hamster-Spielzeug« gesprochen. Goldhamster spielen aber nicht, sondern erkunden ihre Umwelt nach Fressbarem oder Rohstoff für den Nestbau. Mit dem richtigen Käfig-Zubehör fordern Sie seinen Erkundungsdrang heraus und erreichen so, dass der Hamster sich bewegt und neue Erfahrungen sammelt.

Sinnvolle Beschäftigungselemente Im Prinzip ist alles an Gegenständen und Materialien geeignet, womit der Hamster sich nicht verletzen oder in Gefahr bringen kann. Favoriten sind dabei Dinge aus unbehandeltem Holz, Lehm, Ton, Sisal oder ungiftiger Modelliermasse. Auch unbedruckte Pappe ist für den Hamsterkäfig geeignet.

Häuschen mit mehreren Etagen, kleine Leitern oder Wippen kommen dem Kletterbedürfnis der Hamster entgegen, da sie in der Natur ja auch blitzschnell aus ihrem Bau klettern können. Die Hamster haben ein unstillbares Bestreben, überall hineinzukriechen oder wenigstens den Kopf hineinzustecken, wo Löcher oder andere Öffnungen sind. Deshalb sind Stämme, starke Äste oder kleine Kästen mit Öffnungen sehr beliebt. Die Öffnungen sollten dabei nicht kleiner als 4,5 cm im Durchmesser sein, damit sich die Tiere nicht einklemmen können. Auch Spalten bitte unbedingt vermeiden. Achten Sie beim Zubehör darauf, dass keine spitzen Enden, Nägel oder Schrauben hervorstehen, an denen sich die Tiere verletzen könnten. Goldhamster sind Nagetiere, die die Gegenstände in der Regel auch versuchen zu zerlegen. So sollten Nägel beispielsweise beim Nagen nicht freigelegt werden können. Besser also geklebtes Zubehör verwenden oder beim Selbstbau Holzkaltleim benutzen.

Lieblingsportarten: Laufen und Graben Röhrensysteme im Käfig stehen bei allen Goldhamstern hoch im Kurs (→ Seite 18). Die einzelnen Kammern des Goldhamsterbaus in der Natur sind ja auch durch Gänge verbunden. Deshalb kommen Röhren

Porenbeton ist ein festes Material, das dennoch leicht zu bearbeiten ist. Ihr Goldhamster wird die Brücken, Tunnel und Turmbauten sicher lieben.

dem artgerechten Verhalten der Goldhamster sehr entgegen. Goldhamster scheinen auch den Wandkontakt in den Röhren zu mögen, er vermittelt ihnen wahrscheinlich ein Gefühl von Sicherheit. Sie nutzen die Röhren nämlich auch zum Ruhen, wenn sie vom vielen Laufen müde sind. Bieten Sie Ihrem Hamster also unbedingt Papp- oder Plastikröhren an. Zusätzlich können Sie im Käfig einen kleinen Parcours aus verschiedenen Bodenstrukturen und Untergründen gestalten. Ihr Hamster wird es lieben, darüberzulaufen und darin zu graben. Verwenden Sie beispielsweise Rindenmulch, verschieden große Kieselsteine, Sand, Kork und aneinandergelegte kleine Äste. Diese sehr unterschiedlichen Materialien können Sie dem Hamster auch in kleinen Schälchen an unterschiedlichen Orten im Käfig anbieten: Er wird mit großer Begeisterung darin buddeln.

Holzkonstruktionen selbst bauen Beschäftigungsmaterial aus Holz ist allem anderen vorzuziehen. Zoofachgeschäfte bieten eine reiche Auswahl der unterschiedlichsten Varianten für den Hamsterkäfig. Falls Sie Zeit und Lust haben, ist der Selbstbau auch kein Problem. Vielleicht beginnen Sie mit dem Eigenbau des Schlafhäuschens? Zubehörteile wie Wippen, Brücken, begehbare Würfel usw. aus Holz können leicht gebastelt werden. Am besten lackieren Sie die Teile. Sie bleiben dann länger erhalten und lassen sich besser sauber machen. Verwenden Sie speziellen giftfreien Kinderspielzeuglack, den der Fachhandel anbietet. Sehr gut können Sie Äste von Obstbäumen zum Basteln verwenden. Schneiden Sie aus Ästen mit etwa 1 cm Durchmesser 10 cm lange Stücke. Durchbohren Sie die Ästchen an jedem Ende und fädeln Sie mehrere solcher Stücke auf zwei Drähten auf. Sie lassen sich nun wie Hängematten in den Käfig hängen oder als Brücken darin aufstellen.

Kreatives Hamsterzubehör

TIPPS VOM
HAMSTER-EXPERTEN
Peter Fritzsche

HABEN SIE SPASS AM TÖPFERN? Ton gibt es in guter Qualität in Weiß und Braun in Bastelgeschäften zu kaufen. Mit etwas Übung lassen sich daraus beispielsweise Futternäpfe, Höhlenverstecke, Brücken oder kompliziertere Strukturen formen. Ihrer Fantasie sind dabei keine Grenzen gesetzt. Achten Sie darauf, dass die Öffnungen zum Durchkriechen nicht kleiner als 4,5 cm sein dürfen. Bedenken Sie dabei unbedingt, dass der Ton beim Brennen noch schrumpft. Die Gegenstände werden im heimischen Herd bei etwa 250 °C oder – je nach Material – an der Luft getrocknet.

GESTALTEN MIT PORENBETON Dieses leicht zu bearbeitende Material wird unter dem Markennamen Ytong vertrieben. Porenbeton lässt sich ähnlich bearbeiten wie Holz und ist ungefährlich für den Goldhamster. Mit Säge, Hammer und Meißel lassen sich hier auch mit wenig Kraftaufwand für den Goldhamster interessante Gegenstände anfertigen. Es wird Ihnen viel Freude machen, Ihren Goldhamster dabei zu beobachten, wie er die neuen selbst gebauten Dinge in seinem Käfig annimmt und benutzt.

Viel Spaß für wilde Kerle

Nichts ist schlimmer für Ihren Goldhamster als Langeweile. Damit die gar nicht erst aufkommt, tun Sie gut daran, ihm von Anfang an verschiedene Spiel- und Sportgeräte anzubieten.

1 Röhren

Goldhamster lieben es, durch Röhren zu kriechen. Seitliche Öffnungen erhöhen einerseits die Erkundungsfreude, andererseits tragen sie zur Belüftung der Röhre bei. Es müssen nicht unbedingt Holzröhren sein. Auch Pappröhren, beispielsweise von Küchenpapierrollen, sind beliebt – lassen sie sich doch von Ihrem Goldhamster auch nach eigenen Vorstellungen zurechtnagen.

2 Hindernisse

Auch in der freien Natur muss der Hamster etliche Hindernisse überwinden, um an seine Nahrung zu kommen. Hat er sich an Sie gewöhnt, lassen Sie ihn ruhig für einen Leckerbissen »arbeiten« und locken Sie ihn über solche Barrieren.

3 Laufrad

Der Hamster im Laufrad ist schon beinahe sprichwörtlich geworden. So ist über Nutzen oder Schaden des Laufrads im Hamsterkäfig viel diskutiert worden. In einer wissenschaftlichen Untersuchung wurden Goldhamster mit und ohne Laufrad verglichen. Neben dem bereits erwähnten Abbau von Stereotypien (→ Seite 48), wurde auch auf ein erhöhtes Wohlbefinden der Goldhamster geschlossen. Sie waren weniger fett und pflanzten sich erfolgreicher fort. Deshalb empfehle ich unbedingt den Einbau eines Laufrads in den Käfig. Der Durchmesser sollte etwa 30 cm betragen, und die Lauffläche mindestens 8 cm breit sein. Schlecht sind Laufräder aus Metall, da die Tiere dann auf Drahtstegen laufen müssen. Hier können sie abrutschen und sich verletzen. Achten Sie deshalb auch unbedingt darauf, das die Lauffläche und eine Seite des Laufrads ganz geschlossen sind.

4 Buddelkiste

Das Graben ist eine der wichtigsten und beliebtesten Verhaltensweisen des Goldhamsters. So richtig gut geht das in der weichen Einstreu des Käfigs nicht. Deshalb wird Ihr Hamster seine Sandkiste lieben. Hier kann er Gänge graben und nach verstecktem Futter suchen. Befeuchten Sie den Sand, dann fällt nicht alles gleich wieder in sich zusammen.

5 Türme aus Holz

Goldhamster klettern normalerweise nicht auf Bäume. Trotzdem können wild lebende Tiere in ihrem Bau in großer Geschwindigkeit senkrechte Röhren hochklettern. Das kann auch der Heim-Goldhamster.

Ungeeignetes »Spielzeug«

AUGEN AUF Prüfen Sie alle Gegenstände auf mögliche Verletzungsgefahren, Ungiftigkeit des Materials und ausreichende Luftzirkulation. Die leider manchmal noch im Handel angebotenen »Hamsterbälle«, »Joggingbälle« oder »Hamsterautos« sind völlig ungeeignet, weil sie die Tiere in enge Behälter sperren, aus denen sie sich nicht wieder befreien können. Das ist Tierquälerei!

AUF EINEN BLICK

Abenteuerspielplatz

Heubehälter
Stellen Sie Ihrem Pflegling Heu in einem kleinen Korb zur Verfügung. Der Futterplatz dient auch als Hamsterversteck.

Buddelkiste
Füllen Sie eine Kiste zum Graben und Scharren mit angefeuchtetem Sand und verstecken Sie ein paar kleine Leckerbissen darin.

Begrenzung
Die Begrenzung besteht aus mindestens 30 cm hohen Brettern, die in die Nuten der Eckhölzer gesteckt werden. So machen Auf- und Abbau keine Probleme.

Boden
Teppich- oder Stoffreste (z.B. alte Bettlaken) sind ideal als Bodenbelag.

Abenteuerkiste
Gestalten Sie diese Kiste mit Fantasie. So gibt es für den Goldhamster viel zu erkunden, und jedes Fach hält eine neue Überraschung bereit.

Abenteuerspielplatz

Käfig
Der Käfig im Freilauf bietet dem Hamster immer Zuflucht, wenn er sich unsicher fühlt.

Steine
Sie sind stabil und leicht zu beschaffen. Achten Sie aber darauf, dass die Steine den Hamster nicht verletzen können. Verkleben Sie sie deshalb lieber miteinander.

Grasschale
Das Katzengras aus dem Zoofachhandel liefert frisches Futter und ist ideal zum Verstecken.

Röhren
Röhren aus Pappe, Holz oder Kunststoff liebt der Goldhamster. Sie geben ihm ein Gefühl von großer Sicherheit.

Freilauf in der Wohnung

Zusätzlich zu den Beschäftigungsmöglichkeiten im Käfig ist für den Goldhamster der Freilauf im Zimmer eine schöne Abwechslung. Lassen Sie ihn aber nie im Garten, auf einer Wiese oder auch auf dem Balkon frei laufen! Dort ist es zu gefährlich für den kleinen Nager. Goldhamster gehören zur Familie der Wühler, deshalb ist es für sie ein Leichtes, sich unter dem Gehege durchzugraben. Wenn er nicht schon vorher ein Loch oder einen Schlupfwinkel gefunden hat, durch das er auf Nimmerwiedersehen verschwindet. Draußen kann er sich auch leicht Parasiten einfangen und krank werden.

Freiheit für den Käfigbewohner

Die meisten Goldhamster lieben es, im Freilauf den Duft der großen weiten Welt zu erschnuppern und etwas Neues zu erkunden. Gewähren Sie Ihrem Liebling diese Möglichkeit, entweder im gesicherten Zimmer oder im extra angelegten Parcours.

Der Freilauf im Zimmer Auch im Zimmer lauern eine Reihe von Gefahren für Ihren Goldhamster, die Sie aber alle abstellen können. Kontrollieren Sie dabei Folgendes: Steckdosen, am Boden liegende Stromverteiler oder Stromkabel, scharfe oder spitze Gegenstände, brennende Kerzen oder Gegenstände, die auf das Tier fallen können. Der Hamster sollte an keinerlei Pflanzen oder Schnittblumen fressen können, viele davon sind giftig für ihn. Gardinen oder Vorhänge sollten unerreichbar sein. Verschließen Sie offene Ritzen, Spalten oder Fugen – bevor der Hamster darin verschwinden kann – mit einem mindestens 30 cm hohen Pappstreifen. Verräumen Sie Vasen, in die die Tiere hineinklettern, aber nicht wieder herauskommen können. Achten Sie im Winter auf angeschaltete Heizgeräte. Giftige Stoffe, die angeknabbert werden könnten, sollten nicht erreichbar sein. Falls Hund oder Katze in Ihrem Haushalt leben, dürfen diese nicht in die Nähe des Hamsters kommen. Teppich ist ideal für den Freilauf, Parkett, Laminat oder ähnlich glatte Flächen sind nicht geeignet. Um Ihren Teppich zu schützen, können Sie ein altes Laken darüberlegen, das Sie später dann einfach waschen.

Der Freilauf-Parcours Am schönsten und für Sie am nervenschonendsten ist es freilich, wenn Sie einen Abenteuerspielplatz (→ Seite 56/57) konstruieren, indem Sie sich 30 cm hohe, längere Bretter besorgen und damit den Parcours abstecken. Auf die Kippsicherheit der Bretter achten!

Abenteuer Freilauf! Und falls Sie es noch nicht wissen sollten: Bücher sind nicht nur zum Lesen da.

Wie gestalte ich einen Freilauf? Dabei sind Ihrer Phantasie natürlich keine Grenzen gesetzt. Lassen Sie sich von meinen Anregungen inspirieren:

› Bauen Sie eine »Hamsterburg« in der Zimmermitte. Das kann z. B. eine flache Kiste mit etwas Einstreu und einer Zugangsmöglichkeit (Leiter oder ausgesägte Tür) sein, in der Sie Zubehör wie Zweige, Steine oder ein kleines Häuschen unterbringen.

› Verbinden Sie verschiedene Holzteile oder aufeinandergelegte Röhren mit Klebeband.

› Errichten Sie mit Steinen oder Holzteilen ein Labyrinth. In die Mitte des Labyrinths legen Sie als Belohnung einen Snack, den Ihr Hamster mag.

› Präparieren Sie eine flache Schale mit Gras- oder Getreidesamen und bieten Sie Ihrem Hamster eine Spielwiese, sobald die Pflanzen 5–10 cm hoch sind.

› Drapieren Sie verschiedene Zweige oder Wurzeln, an deren Ende kleine Möhren- oder Gurkenstückchen erklettert werden können.

› Bauen Sie ein Höhlensystem, indem Sie Löcher in Kartons schneiden und diese mit Pappröhren verbinden (gut geeignet sind z. B. die Innenteile von Küchenrollen oder Toilettenpapier).

› Stellen Sie eine Schale mit Sand oder einem Gemisch aus Hobelspänen und Torfmull auf, in der der Hamster graben und wühlen kann. Verstecken Sie darin kleine Futterbrocken.

Freigang mit Kontrolle Stellen Sie beim ersten Freilauf den Käfig auf den Boden und öffnen Sie das Tor zur weiten Welt des Zimmers oder des Parcours. Das ist besser, als den Hamster aus dem Käfig zu nehmen. Lassen Sie ihn aus angemessener Distanz nicht aus dem Auge. Vielleicht haben Sie eine Gefahr übersehen, oder der Hamster kommt in eine ausweglose Situation, und Sie müssen eingreifen. Der Hamster beginnt dann, Zimmer oder Freilauffläche zu erkunden, und genießt seine Freiheit.

Mit Speck fängt man bekanntlich Mäuse! Und einen ausgebrochenen Hamster können Sie mit im Zimmer ausgelegten Leckerbissen locken.

Hilfe – **mein Goldhamster ist weg!**

HAMSTERAUSBRUCH – WAS TUN? Trotz aller Sorgfalt kennt fast jeder Hamsterpfleger auch ungewollte Freiläufe seines Pfleglings. Zunächst: Bewahren Sie Ruhe und rennen Sie nicht hektisch durch die Wohnung. Schließen Sie als erstes alle Türen des betreffenden Zimmers. Achten Sie auf Geräusche und gehen Sie ihnen nach. Benutzen Sie zum Einfangen ein Plastikgefäß, eine Pappschachtel oder etwas Ähnliches, das eine Höhle für das Tier darstellt. Bringen Sie diese in die Nähe des Tieres. Dann nähern Sie sich von der anderen Seite mit der Hand oder einem Gegenstand, um das Tier dazu zu bringen, die schützende Höhle aufzusuchen. Weitere Ratschläge finden Sie auf der hinteren Klappe.

REGISTER

Die **halbfett** gesetzten Seitenzahlen verweisen auf Abbildungen,
U = Umschlag, UK = Umschlagklappe.

A

Abenteuerspielplatz 56–57, **56–57**
Abwehrhaltung **UK vorn**
After 23
Aktivitätsphasen 9
Albinohamster 15, **15**
Ansteckungsgefahr 47
Aquarium 19, 48, **48**
Aufstellen **UK vorn**
Aufzucht 29
Augen **12,** 13, 23, 45
Augenerkankung 46
Ausbruch 59, **UK hinten**
Ausstattung 20

B

Backentaschen 12, **13,** 23, UK vorn
–, Verstopfung der 46
Baden 41
Becher-Trick 26
Beißen 48, **48,** UK hinten
Berührungsscheu 10
Beschäftigungselemente 52
Beschäftigungsmaterialien 41
Bewegung 51
Bezugspersonen 26
Biorhythmus 9
Bisswunden 47
Bodenbelag 56, **56**
Brot 35, 37
Buddelkiste 54, **55,** 56, **56**

C

Callisia repens 35, **35**
Chinchilla-Sand 41

D

Diabetes 34, 36, 47
Durchfall **44,** 45

E

Eingewöhnung 24, UK hinten
Einstreu 20, **21,** 43
Einzelgänger 8, 10, UK hinten
Eiweißnahrung 36, 37
Entdeckungsgeschichte 6
Erkältungskrankheiten 45

F

Feldforschung 7
Fell 23, 30, 45
Fellpflege 40, **40**
Flankendrüse 13
Fleisch 36
Freilauf 56–59, **56/57**
Frischfutter 35, 37
Futter 34–37, UK hinten
 –, ungesundes 34, 36, 37
 -kontrolle 42, 43
 -menge 35
 -mischungen 34
 -anbau 34
 -napf 20, **21**
 -reste 35, 42, 43
 -wechsel 35
 -zusammensetzung 34

G

Gebärmutter 12
Geburt 28
Geruchssinn 13
Geschlechtsmerkmale **22,** 23
Gitternagen 48, **UK hinten**
Goldhamster
 – als Heimtier 11
 –, alte 31, **31**
 –, ausgewachsene 12
 – aus dem Tierheim 22
 – aus dem Zoofachhandel 22
 – aus einer Zucht 22
 -bau 9
 –, einfarbiger 15, **15**
 -ernährung 33
 –, gescheckter 14, **14,** 15, **15**

–, gesunder 23
– in freier Natur 8, 33
–, junge 30, **30**
-kauf 22
-magen 12
-rassen 14/15, 22
-schwänzchen 12
-verhalten 10
–, wildfarbener 14, **14**
-zucht 7, 11
Golliwoog 35, **35**
Grillen 36

H

Haare, verfilzte 40
Halten, richtiges 26, **26**
Hamsterausbruch 59
Hamsterbad 41
Hamsterhäuschen 20, **21,** 52, 53
Hamstern 9, 12, **UK vorn**
Hamstertoilette 20, **21**
Hamsterwatte 20
Handling 26
Haustiere, andere 27
Haut 23, 45
Herumtragen **26,** 27
Heu 20, 35, 56, **56**
Hindernisse 54, **55**
Hitzeschock 46
Hochheben 26
Holzkonstruktionen 53
Hunde 27

I

Invertieren 9

J

Junge 29, **29**

K

Käfig 18, **18,** 19, **19,** 42, 57, **57**
 -ausstattung 20
 -größe 18
 -pflege 42, 43

-reinigung 43, UK hinten
-selbstbau 19
-standort 17
-zubehör 52, 53
Kämmen 40, **40**
Katzen 27
Katzengras 57, **57**
Kind und Goldhamster 5, UK hinten
Klippenmeideverhalten 11, 12
Knochenbau 12
Knochenbrüche 46
Kontaktaufnahme 24, **25**
Krallenkürzen 41
Krallenpflege 40
Krankheiten 44–47, UK hinten
Kräuter 34

L

Laufrad 54, **55**
Lebendfutter 36, **36**
Lebenserwartung 11
Leiter 52
Lippengrind 46

M

Markieren 13, 43
Mehlwürmer 36, **36**
Mesocricetus auratus 6
Milbenbefall 44, **47**
Mineralien 35, 37, 41
Mineralsteine 41
Mund 23, 45

N

Nachtaktivität 9
Nachwuchs 28, 29, UK hinten
Nahrungssuche 10
Nase 13, 23, 45
Nassschwanzkrankheit 46
Nistkammer 9

O

Ohren 13, 23
Organe, innere 12

P

Paarung 8, 28, **28**
Panda-Schecke 14, **14**
Parasiten 44, 45
Parcours 53, 56–59, **56/57**
Pflegemaßnahmen 47
Pfoten 12, **13**
Pilzbefall 44
Porenbeton **52**, 53
Putzabfolge 38
Putzprogramm 38, **39**

R

Rassenunterschiede 26
Raumtemperatur 17
Recken **UK vorn**
Riechzellen 13
Röhren 54, **55**, 57, **57**
Röhrensystem 18, **19**, 52, 53
Russenhamster 10, **10**, 15, **15**

S

Sandbad 41
Satinhamster 14, **14**
Schecke 15, **15**
Schlafhäuschen 20, **21**, 24, 53
Schlaf-Wach-Rhythmus 9
Schleichen **UK vorn**
Schmerzempfinden 13
Sehvermögen 13
Sinnesorgane 13
Sinneszellen 13
Spielzeug 54
Stereotypien 48, **48**
Stoffwechselstörungen 36
Stress 10, 24, 26, 42, 48, 49, UK hinten
Streu 20, **21**, 43
Süßigkeiten 36, 37, UK vorn

T

Tasthaare 13
Teddyhamster 15, **15**, 40, **40**
Tod 31

Toilettenecke 43
Trächtigkeit 28
Tragen **26,** 27
Tragzeit 28
Transport 23
Transportbox 22, 42, **43**
Trinkflasche 20, **21**, 42, 43
Trockenfutter 34, 37
Türme 54, **55**

U

Ultraschalllaute 13, 29
Umsetzen 26, 27
Urinecke 20, 43

V

Verhalten 23, 45
Verhaltensauffälligkeiten 48, **48**, UK hinten
Verhaltensstereotypien 48, **48**, 51, 54, **UK hinten**
Vibrissen 13
Vitamine 35, 37, 41
Vomeronasalorgan 13
Vorratskammer 9

W

Wärmelampe 45, **46**
Wasserbedarf 35
Wiegen 38, UK hinten
Wildfarbener Goldhamster 14, **14**
Wildform 22
Wippen 52, 53

Z

Zähmung 24–27
Zahnanomalien 41
Zähne 12, **13**
Zahnpflege 41
Zehen 12
Zoophobas-Käfer 36
Zuchtformen 11
Zuckerkrankheit 34, 36, 47

SERVICE

Verbände/Vereine

› Bundesarbeitsgruppe Kleinsäuger e.V., Geschäftsstelle Schulzoo Leipzig e.V., Binzer Str. 14, 04207 Leipzig
www.bag-kleinsaeuger.de
(nur Fragen zur Haltung möglich)
› Rassezuchtverband Österreichischer Kleintierzüchter (RÖK) Geschäftsstelle: Mollgasse 11
A-1180 Wien
www.kleintierzucht-roek.at
› Bundesverband für fachgerechten Natur- und Artenschutz e.V. (BNA)
PF 1110
76707 Hambrücken
www.bna-ev.de
Der Dachverband privater Tierhalter, Vereine und Verbände vertritt die Interessen der Tierhalter vor allem beim Artenschutz und bietet Schulungen an.
› Deutscher Tierschutzbund e.V.
Baumschulallee 15
53115 Bonn
www.tierschutzbund.de
› Österreichischer Tierschutzverein
Kohlgasse 16
A-1050 Wien 46
www.tierschutzverein.com
› Schweizer Tierschutz (STS)
Dornacherstr. 101
CH-4008 Basel
www.tierschutz.com
› BPT-Bund praktizierender Tierärzte e.V.
www.smile-tierliebe.de
Über das Online-Tierärzteverzeichnis finden Sie Tierärzte in der Nähe.

Fragen zur Haltung beantworten

Ihr Zoofachhändler und der Zentralverband Zoologischer Fachbetriebe Deutschlands e.V. (ZZF)
Tel.: 0611/44 75 53 32
(nur telefonische Auskunft möglich: Mo 12–16 Uhr, Do 8–12 Uhr)
www.zzf.de

Hamster im Internet

Tipps zu Ernährung, Pflege und Gesundheit von Hamstern sowie Adressen von Züchtern und Clubs finden Sie auf den folgenden Internetseiten:
› www.hamsterinfo.de
› www.hamsterparadies.de
› www.hamsterseiten.de
› www.nagetiere-online.de
› www.petwebsite.com/hamsters.htm (engl)
› www.hamster-ratgeber.de
› www.hamsternest.de
› www.hamsterfanclub.de
› www.hamsterforum.de (Diskussionsforum)
› www.biologie.uni-halle.de/zool/general (Hamsterforschung)

Bücher, die weiterhelfen

› Fritzsche, P.: Hamster. Gräfe und Unzer Verlag, München
› Fritzsche, P.: Mein Hamster. Gräfe und Unzer Verlag, München
› Göbel, T./Ewringmann, A.: Heimtierkrankheiten. Ulmer Verlag, Stuttgart
› Hollmann, Dr. P./Wegler, M.: Mein Hamster und ich. Gräfe und Unzer, München
› Kittel, R.: Der Goldhamster. Westarp Wissenschaften, Hohenwarsleben
› Siegel, H.I. (ed.): The Hamster. Reproduction and Behavior. Plenum Press, New York and London (engl.)
› Weinhold, U./Kayser, A.: Der Feldhamster. Westarp Wissenschaften, Hohenwarsleben

Zeitschriften

› Rodentia. Kleinsäuger-Fachmagazin, Natur und Tier Verlag GmbH, Münster
www.ms-verlag.de
› Ein Herz für Tiere. Gong Verlag, Ismaning
www.herz-fuer-tiere.de

Wichtiger Hinweis

› **Kranker Goldhamster** Treten bei Ihrem Hamster Krankheitsanzeichen auf, gehört er in die Hand des Tierarztes.

› **Ansteckungsgefahr** Nur wenige Krankheiten sind auf den Menschen übertragbar. Weisen Sie Ihren Arzt auf Ihren Tierkontakt hin. Das gilt besonders, wenn Sie von einem Tier gebissen wurden.

› **Tierhaarallergie** Manche Menschen reagieren allergisch auf Tierhaare. Wenn Sie sich unsicher sind, fragen Sie vor dem Kauf eines Hamsters den Hausarzt.

Freude am Tier

Die neuen Tierratgeber – da steckt mehr drin

ISBN 978-3-8338-0868-5
64 Seiten

ISBN 978-3-8338-0592-9
64 Seiten

ISBN 978-3-8338-0183-9
64 Seiten

Preis je Band: 7,90 €

ISBN 978-3-8338-0522-6
64 Seiten

ISBN 978-3-8338-0521-9
64 Seiten

ISBN 978-3-8338-1196-8
64 Seiten

Änderungen und Irrtum vorbehalten.

Das macht sie so besonders:

Praxiswissen kompakt – vermittelt von GU-Tierexperten

Praktische Klappen – alle Infos auf einen Blick

Die 10 GU-Erfolgstipps – so fühlt sich Ihr Tier wohl

Willkommen im Leben.

IMPRESSUM

Unsere Garantie

Alle Informationen in diesem Ratgeber sind sorgfältig und gewissenhaft geprüft. Sollte dennoch einmal ein Fehler enthalten sein, schicken Sie uns das Buch mit dem entsprechenden Hinweis an unseren Leserservice zurück. Wir tauschen Ihnen den GU-Ratgeber gegen einen anderen zum gleichen oder ähnlichen Thema um.

Liebe Leserin und lieber Leser,

wir freuen uns, dass Sie sich für ein GU-Buch entschieden haben. Mit Ihrem Kauf setzen Sie auf die Qualität, Kompetenz und Aktualität unserer Ratgeber. Dafür sagen wir Danke! Wir wollen als führender Ratgeberverlag noch besser werden. Daher ist uns Ihre Meinung wichtig. Bitte senden Sie uns Ihre Anregungen, Ihre Kritik oder Ihr Lob zu unseren Büchern. Haben Sie Fragen oder benötigen Sie weiteren Rat zum Thema? Wir freuen uns auf Ihre Nachricht!

Wir sind für Sie da!
Montag – Donnerstag: 8.00 – 18.00 Uhr;
Freitag: 8.00 – 16.00 Uhr *(0,14 €/Min. aus dem dt. Festnetz/Mobilfunkpreise können abweichen.)
Tel.: 0180-5 00 50 54*
Fax: 0180-5 01 20 54*
E-Mail:
leserservice@graefe-und-unzer.de

P.S.: Wollen Sie noch mehr Aktuelles von GU wissen, dann abonnieren Sie doch unseren kostenlosen GU-Online-Newsletter und/oder unsere kostenlosen Kundenmagazine.

GRÄFE UND UNZER VERLAG
Leserservice
Postfach 86 03 13
81630 München

© 2008
GRÄFE UND UNZER VERLAG GmbH, München
Alle Rechte vorbehalten. Nachdruck, auch auszugsweise, sowie Verbreitung durch Film, Funk, Fernsehen und Internet, durch fotomechanische Wiedergabe, Tonträger und Datenverarbeitungssysteme jeglicher Art nur mit schriftlicher Genehmigung des Verlages.

Programmleitung: Christof Klocker
Leitende Redaktion: Anita Zellner
Redaktion: Cornelia Nunn
Lektorat: Bettina Bartz
Bildredaktion: Natascha Klebl
Umschlaggestaltung und Layout: independent Medien-Design, München
Herstellung: Elisabeth März
Satz: Uhl + Massopust, Aalen
Reproduktion: Longo AG, Bozen
Druck: Firmengruppe APPL, aprinta druck, Wemding
Bindung: Firmengruppe APPL, sellier druck, Freising

Printed in Germany
ISBN 978-3-8338-0870-8
1. Auflage 2008

Ein Unternehmen der
GANSKE VERLAGSGRUPPE

Der Autor

Dr. Peter Fritzsche ist promovierter Biologe und wissenschaftlicher Mitarbeiter am Institut für Zoologie der Martin-Luther-Universität Halle-Wittenberg. Seit rund 30 Jahren forscht er über die Verhaltensbiologie von Hamstern und ist weltweit als Hamster-Experte anerkannt. Auch privat hält er begeistert verschiedene Heimtiere, allen voran natürlich Hamster.

Die Fotografin

Regina Kuhn ist freie Fotodesignerin und arbeitet als Bildautorin für renommierte Verlage und Zeitschriften im Bereich der Tierfotografie. Alle Fotos in diesem Buch stammen von Regina Kuhn mit Ausnahme von: Peter Fritzsche: S. 6, 7, 8; Oliver G el: S. 15, 16.

Dank

Der Autor dankt Professor Gattermann (†) für die Möglichkeit der wissenschaftlichen Beschäftigung mit dem Goldhamster. Fotografin und Verlag danken Zoo & Angler Center, Eisennach; Sally Matern, Hochdorf; Jenny Garbrecht, Göringen.